FACULTÉ DE DROIT DE PARIS

DROIT ROMAIN

DE
L'ADPROMISSIO

DROIT FRANÇAIS

DIVERS BÉNÉFICES
ACCORDÉS A LA CAUTION

THÈSE POUR LE DOCTORAT

PAR

William LA FONTA

PARIS

LIBRAIRIE NOUVELLE DE DROIT ET DE JURISPRUDENCE

ARTHUR ROUSSEAU, ÉDITEUR

14, RUE SOUFFLOT ET RUE TOULLIER, 13

1893

THÈSE

POUR LE DOCTORAT

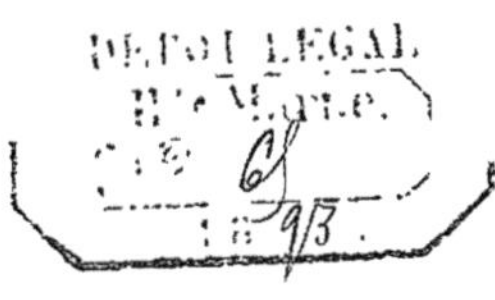

DROIT ROMAIN

—

DE L'ADPROMISSIO

—

DROIT FRANÇAIS

—

DIVERS BÉNÉFICES ACCORDÉS A LA CAUTION

—

THÈSE POUR LE DOCTORAT

—

L'ACTE PUBLIC SUR LES MATIÈRES CI-APRÈS

Sera soutenu le samedi 22 avril 1893, à 10 heures du matin.

PAR

William LA FONTA

—

Président : M. BOISTEL.

Suffragants : MM. LYON-CAEN, CHAVEGRIN, WEISS, *agrégé.* } *professeurs.*

—

PARIS

LIBRAIRIE NOUVELLE DE DROIT ET DE JURISPRUDENCE

ARTHUR ROUSSEAU, ÉDITEUR

14, RUE SOUFFLOT ET RUE TOULLIER, 13

—

1893

A MES PARENTS

DROIT ROMAIN

DE L'ADPROMISSIO

INTRODUCTION

Tous les biens du débiteur forment le gage commun de ses créanciers. Mais ceux-ci sont exposés, s'ils se contentent de cette sûreté générale, à ce que le prix de ces biens se partage en cas d'insolvabilité du débiteur, au prorata de leurs créances, de telle façon qu'ils subiront une perte proportionnelle. Ils sont exposés à se trouver en présence d'aliénations dans le sens large du mot, qui, consenties sans fraude, seront inattaquables et les priveront de tout recours.

Ces dangers ont donné naissance aux sûretés spéciales qu'un créancier prudent ne manquera pas d'exiger de son débiteur. Ces sûretés spéciales peuvent se diviser en deux classes : les sûretés réelles et les sûretés personnelles. Les sûretés réelles consistent dans le gage et l'hypothèque ; les sûretés personnelles consistent dans la garantie personnelle donnée par une tierce personne de payer la dette du débiteur à son défaut. Les sûretés réelles peuvent être fournies par le débiteur lui-même ou par un tiers ; les sûretés personnelles supposent toujours l'intervention d'un tiers. Les Romains appelaient d'une façon générale « *intercessio* » le fait pour un tiers d'intervenir pour garantir le paiement de la dette d'autrui, soit en fournissant un gage ou une hypothèque, soit en s'engageant personnellement sur tous ses biens.

A la différence des peuples modernes, les Romains ont toujours préféré les sûretés personnelles aux sûretés réelles. Cette préférence nous est manifestée par la plupart des auteurs et les Instilutes elles-mêmes en fournissent la preuve. Elles nous citent, en effet, plusieurs cas où la loi exige d'un débiteur qu'il fournisse des sûretés à son créancier. Or ces sûretés doivent toujours être, d'après les Instilutes, des sûretés personnelles et non réelles.

Comme nouvelle preuve de la préférence des Romains pour les sûretés personnelles M. Lucas (*Revue générale,* tome IX) nous cite le texte suivant de Labéon : « *Cum colono tibi convenit ut invecta importata pignori essent donec merces tibi soluta aut satisfactum esset : deinde mercedis nomine fidejussorem a colono accepisti. Satisfactum tibi videri existimo et ideo illata pignori esse desisse* » (Dig. liv. XX, tit. 6, loi 14). De ce texte M. Lucas conclut que « si le fait de donner caution suffit à dégrever des biens précédemment hypothéqués, c'est que l'on voit dans ce mode de satisfaction déclarée suffisante une garantie supérieure à l'affectation hypothécaire qu'elle fait disparaître ».

Cette préférence s'explique facilement si l'on examine quelle était en Droit romain l'organisation des sûretés réelles. Dans le premier état du droit, l'hypothèque n'existait pas ; deux moyens seuls étaient employés pour constituer une sûreté réelle. Le premier était l'aliénation fiduciaire qui donnait au créancier la propriété de l'objet donné en sûreté, à charge par lui de retransférer la propriété au débiteur, après le paiement de la dette. Ce procédé avait, tout d'abord, cet inconvénient, pour le débiteur, qu'il risquait de perdre sa chose si elle était aliénée par un créancier de mauvaise foi. Le créancier était, en outre, tenu à la garde de la chose vis-à-vis de son débiteur. Quand, plus tard, fut créé le gage proprement dit, qui ne donnait plus la propriété au créancier gagiste, mais seulement la possession, le créancier n'eut, tout d'abord, que le droit de rétention, sans avoir le droit de vendre. Ce fut seulement plus tard, que l'on permit au créancier de vendre, à défaut de paiement, et que l'on créa, enfin, l'hypothèque. Mais le fonctionnement en était bien imparfait à cause de sa clandestinité. Le créancier, à qui l'on donnait une hypothèque, ne pouvait se rendre compte s'il n'était pas primé par une hypothèque consentie antérieurement. La préférence accordée par les Romains aux sûretés personnelles persista donc, même après la création de l'hypothèque.

L'insuffisance des sûretés réelles n'était du reste pas la seule cause de cette préférence. Les idées sévères et aristocratiques des Romains leur faisaient considérer la solvabilité comme un honneur et l'insolvabilité comme la plus grave des flétrissures. Les châtiments les plus sévères, la servitude, l'infamie, la mort, étaient réservés au débiteur qui ne payait pas ses dettes. Le fait de s'être engagé dans l'intérêt exclusif d'un autre ne mettait pas les débiteurs accessoires à l'abri de ces poursuites rigoureuses et ils payaient, plutôt que de s'y exposer. Le principal obligé, d'ailleurs, s'il en avait la possibilité, acquittait la dette plutôt que de laisser poursuivre son garant. Il eut été honteux, en effet, pour le débiteur, de laisser retomber tout le poids de la poursuite sur une personne qui lui avait rendu gratuitement un service auquel rien ne l'obligeait. C'était là une nouvelle cause de supériorité des sûretés personnelles sur les sûretés réelles et une nouvelle justification de la préférence qui leur était accordée par les Romains. Aussi, ne devons-nous pas nous étonner de l'importance qu'avait prise en Droit romain la théorie du cautionnement. Pour donner force civile au cautionnement, trois moyens étaient employés : le *mandatum pecuniæ credentæ*, le *pactum de constituta pecunia* et l'*adpromissio*. Notre intention est de n'étudier que ce dernier mode d'*intercessio*, mais il ne nous semble pas inutile de donner préalablement quelques détails sur les deux premiers.

Nous commencerons par le *mandatum pecuniæ cre-dendæ* que nous pouvons définir ainsi : « Un mandat qu'une personne donne à une autre de devenir créancière d'une tierce personne déterminée. » Le mandataire, en vertu de l'ordre qu'il avait reçu, traitait directement avec le tiers qui devenait son débiteur personnel. Il pouvait donc agir directement contre ce dernier pour le recouvrement de ses avances. Mais, dans le cas où son débiteur ne le payait pas, il pouvait recourir contre celui qui lui avait donné mandat de devenir créancier. C'était là une conséquence du principe que le mandant doit indemniser le mandataire de tout préjudice résultant de l'exécution du mandat. Cette dernière action n'était pas sans analogie avec l'action dont jouissait le créancier d'une dette cautionnée, contre l'*adpromissor*. On s'explique donc facilement que les jurisconsultes romains aient, dans les *Pandectes*, traité sous un même titre des obligations du fidéjusseur et du *mandator pecuniæ credendæ*. Cependant si les ressemblances étaient nombreuses entre l'*adpromissio* et le *mandatum pecuniæ credendæ*, ces deux modes de cautionnement présentaient aussi de grandes différences que nous étudierons brièvement.

Le *mandatum pecuniæ credendæ* était un contrat consensuel, synallagmatique imparfait et de bonne foi ; il s'effectuait sans aucune condition de formes. L'*adpromissio*, contrat unilatéral et de droit strict, était, nous le verrons, un contrat *verbis* exigeant pour sa formation l'emploi de certaines formules déterminées que nous examinerons plus loin. Le *mandatum pecuniæ credendæ* se réalisait plus facilement encore que le pacte de constitut. Celui-ci nécessitait en effet une manifestation expresse du consentement du débiteur constituant, tandis que ce consentement pouvait être tacite dans le *mandatum pecuniæ credendæ*.

En étudiant l'*adpromissio*, nous verrons que les créanciers étaient tenus par une loi Cicereia de fournir aux *adpromissores* certains renseignements, soit quant aux augmentations dont la dette était susceptible, soit quant au nombre des *adpromissores* qu'ils comptaient recevoir. Cette formalité appelée *prædictio* ne fut jamais exigée pour la formation du *mandatum pecuniæ credendæ*.

Si, après avoir signalé ces différences de forme entre l'*adpromissio* et le *mandatum pecuniæ credendæ*, nous passons aux conditions essentielles à l'existence de ce dernier mode de cautionnement, nous remarquons encore de nombreuses particularités. L'obligation de l'*adpromissor*, en effet, devait être identique à celle du débiteur principal, mais cette identité longtemps exigée pour le pacte de constitut, ne l'était nullement quand il s'agissait d'un *mandatum pecuniæ credendæ*. Prenons une espèce : *Titius* a donné mandat de prêter la somme de 10 à *Séius* et *Mævius* a exécuté ce mandat. En vertu de cette opération *Séius* sera devenu le débiteur de *Mævius* pour 10. Quant à *Titius*, son obligation aura pour objet de rendre *Mævius* indemne des conséquences du mandat qu'il a exécuté. Cette obligation variera suivant le degré d'insolvabilité du débiteur principal. Il faudrait, pour que ces obligations fussent identiques, que cette insolvabilité fût complète. Dans ce cas, pour rendre son mandataire indemne, le *mandator* serait obligé de lui restituer la totalité de son avance. Or c'est précisément ce que le débiteur principal aurait à payer pour se libérer.

Après avoir vu les particularités relatives à la formation et aux conditions d'existence du *mandatum pecuniæ credendæ*, il nous reste à examiner les effets produits par ce mandat et la manière dont le mandataire pourra agir soit contre son mandant, soit contre le débiteur principal. Nous trouvons sur ce point une grande supériorité du *mandatum pecuniæ credendæ* sur l'*adpromissio*. Le créancier d'une dette cautionnée pouvait poursuivre à son choix le débiteur principal ou l'*adpromissor* ; mais, avant Justinien, s'il ne recevait pas un paiement intégral de celui qu'il avait poursuivi, il ne pouvait agir contre les autres. C'était là une conséquence de l'effet extinctif de la *litis contestatio* que nous ne trouvons à aucune époque dans le *mandatum pecuniæ credendæ*. Justinien qui assimila sur ce point les fidéjusseurs aux *mandatores* nous dit en effet. « *Generaliter sancimus quemadmodum in mandatoribus statutum est, ut contestatione contra, unum ex his facta alter non liberetur ; ita et in fidejussoribus observari* ».

Il résulte bien clairement de ce texte que l'effet extinctif de la *litis contestatio* ne se produisait pas dans le cas d'un *mandatum pecuniæ credendæ*.

Les *adpromissores* poursuivis, pouvaient, nous le verrons, opposer aux créanciers trois bénéfices : le bénéfice de discussion, le bénéfice de division et le bénéfice de cession d'actions. Le *mandator* jouissait des deux premiers bénéfices dans les mêmes conditions que les *adpromissores*. Quant au bénéfice de cession d'actions, il en jouissait d'une façon plus large encore, comme nous allons le voir.

Supposons, en effet, un *adpromissor* en présence d'un créancier qui n'est plus en mesure de lui céder ses actions contre le débiteur principal, il ne pourra pour se dispenser de payer, invoquer l'impossibilité où se trouve le créancier de lui céder ses actions. Tout le droit de l'*adpromissor* se borne à exiger du créancier la cession des actions dont il dispose à ce moment. Le créancier n'est nullement tenu de conserver ses actions pour les céder plus tard à l'*adpromissor* car l'*adpromissio* est un contrat strictement unilatéral (Code, liv. VIII, tit. 41, loi 25). Le *mandatum pecuniæ credendæ* au contraire est un contrat synallagmatique et de bonne foi et le créancier a le devoir de conserver ses actions afin de les transmettre plus tard au *mandator*. Celui-ci pourrait se refuser à rembourser son mandataire au cas où il ne pourrait lui céder ses actions. Le texte suivant de Papinien nous en fournit la preuve. « *Si creditor a debitore culpa sua causa ceciderit prope est ut actione mandati nihil a mandatore consequi debeat : cum ipsius vitio acciderit ne mandatori possit actionibus cedere* (Dig., liv. XLVI, tit. 3, loi 95, § 11).

Nous verrons plus tard que les *adpromissores* qui n'avaient pas demandé la cession d'actions *in jure* ne pouvaient plus l'obtenir dans la suite, vū les effets extinctifs de la *litis contestatio*. Le *mandator pecuniæ credendæ* qui s'était laissé poursuivre et condamner *in solidum* sans user d'aucun bénéfice pouvait néanmoins demander la cession d'actions lorsqu'il s'agissait d'exécuter le jugement, car la *litis contestatio* intervenue entre lui et le créancier n'avait pas éteint les obligations des autres obligés (Modestin, Dig., liv. XLVI, tit. 1, loi 41, § 1).

Le *mandator* pourrait, même après avoir exécuté le jugement, obtenir la cession des actions dont le créancier disposait contre le débiteur principal. Nous trouvons, en effet, au Digeste, liv. XVII, tit. 1, loi 28, un texte d'Ulpien où il est dit que le *mandator*, lorsqu'il paie, n'éteint que son obligation née du mandat, et nullement celle du débiteur principal, car ces deux obligations n'ont pas le même objet. Le créancier qui poursuivrait alors le débiteur principal se verrait, il est vrai, opposer l'exception de dol, mais rien ne l'empêcherait de céder au *mandator* son action contre le débiteur principal.

Papinien (Dig., liv. XLVI, tit. 3, loi 95, § 10) compare à ce propos la situation du *mandator pecuniæ credendæ* vis-à-vis du débiteur principal à celle d'un tuteur vis-à-vis d'un débiteur de son pupille qu'il a négligé de poursuivre.

Chaque tuteur avait, nous le savons, le devoir de recouvrer les créances de son pupille. En conséquence, si la dette étant échue, il négligeait de poursuivre un débiteur et si ce dernier devenait ensuite insolvable le tuteur était tenu de sa faute envers le pupille par l'action *tutelæ directa*. Mais cela ne changeait rien à l'obligation du tuteur et le pupille se trouvait ainsi créancier d'une part de son tuteur et d'autre part de son débiteur. Les obligations de ces deux obligés n'ayant pas le même objet la poursuite intentée contre l'un ne libérait pas l'autre.

Bien plus, si le tuteur ayant été condamné acquittait la dette, cela n'éteignait pas les actions dont le pupille disposait contre le débiteur et le tuteur pouvait encore actionner le pupille au moyen de l'action *tutelæ contraria* à l'effet d'obtenir de lui la cession des dites actions.

De même, si le *mandator*, ayant été poursuivi et condamné, s'acquittait de son obligation, cela n'éteignait pas les actions dont le créancier mandataire disposait contre le débiteur principal et le *mandator* pouvait, comme le tuteur, actionner le créancier au moyen de l'action *mandati contraria* à l'effet d'obtenir de lui la cession de ses actions.

Quant aux actions dont le créancier pouvait disposer contre les *co-mandatores*, le mandataire poursuivi, condamné et ayant exécuté le jugement ne pouvait en obtenir la cession. En effet les obligations des *co-manda-*

tores ayant le même objet, le paiement fait par l'un d'eux libérait tous les autres.

Ces nombreux avantages nous expliquent la faveur dont jouissait le *mandatum pecuniæ credendæ*. Il était cependant d'un emploi moins facile que l'*adpromissio*. La dette qu'il s'agissait de garantir devait absolument être future au cas d'un *mandatum pecuniæ credendæ* tandis que l'*adpromissio* s'appliquait aussi à une dette préexistante.

Le *mandatum* différait également à ce point de vue du pacte de constitut qui était, nous l'avons dit, un autre mode d'*intercessio* employé par les Romains. Le pacte de constitut, remarquons-le en passant, ne servait qu'accidentellement de mode de cautionnement ; le préteur l'avait établi pour permettre au créancier de recevoir des offres fermes de paiement. Comme il n'y avait rien de contraire dans la loi, ces offres pouvaient être faites par une nouvelle personne. C'est dans ce cas seulement que du pacte de constitut résultait une *intercessio*. Le pacte de constitut présentait sur l'*adpromissio* les mêmes avantages que le *mandatum pecuniæ credendæ*. Il devait toutefois être formulé expressément à la différence du *mandatum*, pour lequel l'accord tacite des parties était suffisant.

Après ces quelques détails sur les deux autres moyens employés par les Romains pour intercéder, nous pouvons maintenant aborder l'*adpromissio*, objet de notre étude. La définition nous en est donnée par Festus (*De verborum significatione*): « *Adpromissor est qui, quod alter suo nomine promisit, idem pro altero promittit* ». Il est essentiel, nous devons l'ajouter, que cette promesse soit formulée *verbis*. L'*adpromissio* se présentait sous trois formes différentes : la *sponsio*, la *fidepromissio* et la *fidejussio*. Mais ces trois formes sont loin d'avoir une égale importance. La *sponsio* et la *fidepromissio* qui étaient les plus anciennes furent peu à peu remplacées par la *fidejussio* où nous trouvons réunies toutes les améliorations apportées à l'*adpromissio* par les lois romaines. Aussi en ferons-nous une étude spéciale. La *sponsio* et la *fidepromissio* seront, au contraire, étudiées dans un même chapitre qui sera le premier de ce travail. Nous nous contenterons dans cette première partie d'examiner leurs caractères particuliers. Ce sera seulement en étudiant la *fidejussio* que nous examinerons les caractères communs aux trois formes d'*adpromissio*.

CHAPITRE PREMIER

Les trois formes de l'*adpromissio* étaient caractérisées
chacune par les termes de l'interrogation que le stipulant adressait au promettant. Le stipulant avait-il dit :
« *Idem dari spondes* » ? il y avait *sponsio*. Avait-il au contraire employé ces mots : « *Idem dari promittis* ou *Idem
fide tua jubes* » ? Le contrat accessoire était une *fidepromissio* ou une *fidejussio*. Nous pouvons faire remarquer
que ces termes n'étaient pas rigoureusement obligatoi-
res pour former le contrat d'*adpromissio*. Il devait en
effet exister un parallélisme absolu entre les règles observées pour s'engager *verbis* au principal et les règles
observées pour contracter *verbis* une obligation accessoire. Or, Gaius nous apprend que l'on pouvait s'engager
verbis au principal, non seulement par les termes habi-
tuels *spondere*, *fidepromittere*, *fidejubere*, mais aussi par
les mots *dare*, *facere*, *promittere*. Quel genre d'*adpromissio* résultait de l'emploi de ces dernières formules ?
Gaius (*Com.*, III, § 116) annonce son intention de résoudre cette question, mais on n'a pas trouvé de textes
où il ait réalisé cette promesse. Dans le doute, il nous
semble plus raisonnable d'assimiler les *adpromissiones*

effectuées dans les formes : *dare*, *facere*, *promittere* à la fidéjussion, le plus moderne et en même temps le plus large de tous les modes d'*adpromissio*.

Il ne faudrait pas croire que l'*adpromissio* s'est présentée dans l'ancien Droit romain sous ces différents aspects. Une seule formule, à l'origine, pouvait donner naissance soit à une obligation principale, soit à une obligation accessoire. Nous allons examiner quelles obligations résultaient de l'emploi de cette formule. Au début, les *sponsores* étaient traités avec une extrême rigueur. S'ils étaient plusieurs, la dette ne se divisait jamais entre eux ; chacun pouvait être poursuivi pour le tout. Le *sponsor* qui payait sur cette poursuite pouvait seulement recourir contre le débiteur principal. Ce dernier ne pouvait-il payer, l'*adpromissor* n'avait aucune action contre ses co-obligés pour leur faire supporter les conséquences de cette insolvabilité. Afin d'éviter ce fâcheux état de choses, les *sponsores* formaient entre eux une espèce de société et agissaient les uns contre les autres en vertu du principe que les co-associés doivent se tenir compte des avances faites dans l'intérêt commun. Mais il fallait, pour obtenir ce résultat, qu'il y ait eu un contrat établissant expressément une société entre les cautions.

Une loi Apuleia vint améliorer leur situation et décider que cette société existerait de plein droit entre les *sponsores*. « *Inter sponsores lex Apuleia quamdam societatem introduxit* », nous dit Gaius (*Com.*, III, § 122). Cette société n'avait besoin, pour se former, d'aucune manifestation de la volonté des parties intéressées. Elle n'empêchait pas, bien entendu, le créancier de poursuivre la caution pour le tout. Mais celui-ci, en acquittant la dette, était censé avoir agi au nom de ses co-débiteurs pour tout ce qui excédait sa part. Il pouvait donc, en cas d'insolvabilité du débiteur principal, intenter contre les autres *sponsores* une action *pro socio* pour se faire rembourser cet excédent. Un progrès évident résultait pour les *sponsores* de la loi Apuleia, mais leur situation fut encore améliorée par plusieurs autres dispositions que nous étudierons chronologiquement en commençant par la loi Furia.

La date de cette loi n'est pas exactement connue. D'après les uns, elle aurait été rendue en l'an 659 de Rome ; d'autres, au contraire, la font remonter à une époque beaucoup plus ancienne, l'an 408 de Rome.

Quoi qu'il en soit, si nous ne sommes pas exactement fixés sur la date de cette loi, un texte de Gaius nous en fait connaître exactement les différents chefs (Gaius, *Com.*, III, § 121). La loi Furia décidait d'abord que l'obligation des *sponsores* se diviserait de plein droit entre tous ceux solvables ou non qui existeraient au moment de l'exigibilité. De là résultait une situation très désavantageuse pour le créancier. Il suffisait en effet de l'insolvabilité d'un seul des *sponsores* au moment de l'échéance, pour que le créancier perdît toute chance d'être intégralement remboursé. D'un autre côté la dette se divisant, comme nous l'avons dit, entre tous les *sponso-res* vivants au moment de l'exigibilité, si l'un d'entre eux venait à mourir postérieurement à l'échéance, le créancier ne pouvait pas poursuivre ses héritiers, puisque l'obligation du *sponsor* n'était pas transmissible à ceux qui lui succédaient. Il n'avait pas non plus le droit d'agir contre les autres *sponsores* dont la part contributive était définitivement-fixée au moment de l'échéance et ne pouvait s'augmenter. Une sanction sévère était établie par la loi Furia pour assurer l'observation de cette première règle. En effet, si le créancier commettait l'imprudence d'actionner l'un des *sponsores* pour une somme supérieure à sa part virile, il encourait la *plus petitio*. Le *sponsor* poursuivi était absous·par le juge et le créancier ne pouvait plus exercer contre personne une action éteinte par la *litis contestatio*. Le *sponsor* avait-il payé sans opposer la *plus petitio*, il pouvait se faire restituer tout ce qu'il avait payé indûment et des voies d'exécution très rigoureuses lui étaient ouvertes pour obtenir ce remboursement. Le créancier était en effet soumis à la *manus injectio pro judicato* et devenait *addictus* s'il ne se hâtait de rendre les sommes par lui perçues contrairement à la loi.

Le deuxième chef de la loi Furia avait trait à la durée de l'obligation des *sponsores* et *fidepromissores* qui était limitée à deux ans. « *Sponsores biennio liberantur* » (Gaius, *Com.*, III, § 121). Plusieurs questions s'élevaient à propos de ce délai de deux ans par lequel la loi Furia

venait mettre fin à l'obligation des *sponsores*. On s'est
d'abord demandé quel en était le point de départ? C'é-
tait évidemment le jour de la naissance de l'obligation
quand elle était pure et simple et, quand elle était à
terme ou conditionnelle, le jour de l'arrivée de la condition ou du terme. S'il en avait été autrement, le droit
du créancier aurait pu s'éteindre avant qu'il lui eût été
possible de l'exercer. Un tel résultat aurait été inadmissible.

Une autre question très discutée était celle de savoir
comment s'évaluait le *biennium*. Était-ce un délai con-
tinu de deux fois trois cent-soixante jours ou ne devait-
on compter que les jours utiles, c'est-à-dire ceux durant
lesquels le créancier pouvait agir en justice. Nous trouvons à ce sujet deux textes : l'un de Javolenus et l'autre
de Venuleius dont l'explication était fort difficile à trouver avant la découverte des Commentaires de Gaius.
Javolenus (Dig., liv. XLIV, tit. 3, loi IV) suppose qu'une
caution a été fournie à un *servus hereditarius* ou à l'esclave d'une personne qui se trouve au pouvoir de l'en-
nemi et décide que le délai doit courir malgré la jacence
de l'hérédité ou la captivité du maître. Le débiteur s'est
comporté régulièrement et n'a commis aucune faute. Il
serait donc injuste de lui faire supporter les conséquences de la position particulière où se trouve le créancier
« *erit iniquissimum, ex conditione actorum obligationes
reorum extendi per quos nihil factum erit quominus cum
eis agi possit* ». Venuleius pose, un siècle plus tard, la

même hypothèse et semble lui donner une solution contraire sur la foi de Cassius, éminent jurisconsulte du premier siècle de notre ère : « *Cassius existimat tempus ex eo computandum ex quo agi cum eis poterit, id est ex quo adeatur hereditas aut postliminio dominus revertatur*. Avant la découverte des Institutes de Gaius, ces deux textes étaient absolument inexplicables pour les anciens commentateurs qui ne connaissaient qu'un seul mode de cautionnement : la *fidejussio*. L'obligation des fidéjusseurs ne s'éteignant pas au bout de deux ans, on ne pouvait comprendre à quel délai Javolenus et Venuleius faisaient allusion. De nombreuses explications avaient été proposées jusqu'au jour de la découverte du manuscrit de Vérone. Alors seulement, on apprit qu'il existait à côté de la *fidejussio* deux autres modes d'*adpromissio* et que ces deux modes engendraient des actions limitées par la loi Furia à une durée de deux ans, *tempus biennium*. Si maintenant, après avoir constaté ces discussions qui n'ont plus actuellement qu'un intérêt historique nous examinons attentivement les deux textes précités, nous verrons que la contradiction n'est pas aussi complète qu'on pourrait le croire. Venuleius ne dit pas catégoriquement que le délai de deux ans est suspendu par l'impossibilité d'agir où se trouve le créancier ; il nous dit que la question est douteuse : « *dubitatur* », c'est-à-dire que chacune des opinions a peut-être raison. Il ne faut pas non plus perdre de vue la grande différence qui existait à Rome entre le droit théorique et la pratique. Certaines doctrines qui paraissaient tout à fait opposées avaient de nombreux points de ressemblance quand il s'agissait de leur application. En admettant même que la jurisprudence romaine ait décidé avec Javolenus de laisser courir le *biennium* sans égard à la situation du créancier, il est fort probable qu'une *restitutio in integrum* pouvait être accordée au maître revenu avec le *postliminium* ou à l'héritier ayant fait adition si l'examen des circonstances démontrait qu'il y avait dommage immérité. Les effets de cette pratique se rapprochaient alors sensiblement des conclusions théoriques de Cassius et de Venuleius. Il résulte de là que, même en les prenant à la lettre les textes de Javolenus et de Venuleius n'étaient pas aussi opposés que l'on aurait pu le supposer à première vue.

Tels étaient les deux chefs de cette loi Furia qui apportaient, il faut le reconnaître, des améliorations excessives à la situation des *adpromissores*. Sans doute, l'homme qui, sans avoir d'intérêt personnel dans une affaire, consent à y intervenir dans le but unique d'obliger l'une des parties mérite les encouragements et la protection de la loi. Mais cette protection ne doit pas aller jusqu'à sacrifier les droits et les intérêts du créancier. Or, c'est sacrifier ses intérêts que de rendre impossible pour lui une garantie complète. Chacun des *adpromissores* s'est engagé dans les mêmes termes que le débiteur principal. Le créancier a donc été fondé à croire qu'il pourrait demander à chacun des *sponsores* ce qu'il était en droit d'exiger du débiteur principal, c'est-à-dire la totalité de la dette. Il a dû compter que, si à l'échéance un certain nombre de *sponsores* se trouvait dans l'impossibilité d'exécuter leur obligation, cette insolvabilité ne serait pas à sa charge. En divisant de plein droit l'obligation entre tous les *adpromissores* vivants au moment de l'échéance et en faisant peser sur le créancier les risques de leur insolvabilité, la loi Furia détruit cette légitime espérance. Quant à l'extinction de l'obligation des *sponsores* par le délai de deux ans, elle ne peut guère se justifier non plus si l'on ne reconnaît pas à la loi Furia un autre objet que l'amélioration du sort des *adpromissores*.

Mais un examen plus approfondi nous fait voir que tout autre était le but de cette loi. Ce n'était pas, en effet, l'intérêt des *sponsores* que le législateur avait en vue. Il ne recherchait pas davantage l'intérêt du créancier dont les sûretés étaient restreintes. La position du débiteur ne devenait pas plus favorable, car la loi Furia rendait le créancier plus pressé de le poursuivre. Ce n'était donc pas un intérêt particulier mais des raisons toutes politiques qui avaient fait édicter cette loi. La multiplicité des dettes jointe à la rigueur législative et aux exigences des créanciers avait souvent provoqué des effervescences populaires. Pour prévenir ces désordres, on obligea les créanciers à poursuivre leurs débiteurs dans un bref délai, sous peine de voir disparaître les sûretés qui leur avaient été fournies. Comme, d'un autre côté, les débiteurs souffraient indirectement des rigueurs exercées contre leurs garants, on pensa que la crainte de s'y exposer les empêcherait de contracter de nouvelles dettes sauf dans le cas d'absolue nécessité.

En un mot, la loi Furia, comme la loi Cornelia dont l'étude viendra plus loin, avait probablement pour but de réagir contre les emprunteurs, en leur coupant le crédit. Il est facile de se convaincre de la vraisemblance de cette opinion si l'on observe que la loi Furia s'appliquait seulement en Italie où les agitations populaires étaient beaucoup plus dangereuses que dans le reste de l'empire romain.

Une nouvelle particularité de la situation des *sponsores* résultait d'une loi dont le nom était resté indéchiffrable jusqu'à la dernière lecture du manuscrit de Vérone (1873). Nous voulons parler de la loi Cicereia. Aux termes de cette loi, une *adpromissio* n'était valable que si elle avait été précédée d'une déclaration du créancier faite en présence des *adpromissores*. Cette déclaration appelée *prædictio* devait indiquer l'objet de l'obligation et le nombre des *adpromissores* qui en garantissaient l'exécution.

La sanction de la formalité exigée par la loi *Cicereia* nous est indiquée par Gaius. Ce jurisconsulte nous apprend, en effet, qu'il était permis aux *adpromissores*, si la *prædictio* n'avait pas été effectuée, de demander dans les trente jours un *præjudicium*. On posait au juge la question suivante : « *An en lege Cicereia Scius prædixit de qua re et quot sponsores accepturus esset* ». Celui-ci reconnaissait-il que la *prædictio* n'avait pas été effectuée, *Non est prædictum de lege*, les *sponsores* se trouvaient libérés. Ne croyons pas cependant qu'ils pouvaient exiger leur libération immédiate. Ils devaient attendre la poursuite du créancier ; alors seulement ils opposaient le jugement rendu et obtenaient ainsi de n'avoir rien à payer. Lorsque les *sponsores* avaient négligé de demander le *præjudicium* dans les trente jours, les choses étaient censées s'être passées régulièrement. Le délai accordé aux *sponsores* était court afin de rendre impossibles des récriminations postérieures survenant à une époque où la preuve des faits ne sera pas toujours facile.

Les lois que nous venons d'étudier avaient trait aux rapports des *sponsores* entre eux ou avec le créancier. Nous allons maintenant examiner les voies de recours dont disposaient les *sponsores* contre le débiteur principal dont ils avaient acquitté la dette. Ce recours était réglé d'une façon particulière par une loi Publilia que nous allons étudier.

La loi Publilia accordait aux *sponsores* pour se faire rembourser par le débiteur principal l'*actio depensi in duplum*. C'était une action mixte, à la fois *pœnæ* et *rei persecutoria*. Comme elle permettait d'obtenir contre le défendeur une condamnation au double, il semblerait à première vue que les *sponsores* dussent toujours la choisir de préférence, mais cette action n'était pas tou-

jours *in duplum*. La condamnation se doublait seulement
en cas d'*infitiatio* du défendeur (Gaius, *Com.*, IV, § 9). En
dehors de ce dernier cas les *sponsores* n'avaient donc pas
grand intérêt à préférer l'*actio depensi* à l'*actio mandati*
ordinaire. Peut-être même avaient-ils plutôt intérêt à
choisir cette dernière action. Il semble, en effet, que la
condamnation simple de l'*actio depensi* se bornait aux
débours du demandeur tandis que celle de l'*actio mandati* comprenait en outre les intérêts.

Une autre protection résultait pour les *sponsores* de la
loi Publilia. Elle les autorisait, si le débiteur principal
ne leur remboursait pas dans les six mois la somme par
eux avancée, à exercer sur lui une *manus injectio pro
judicato*. C'était une procédure des plus expéditives, au
moyen de laquelle le demandeur, s'il se trouvait dans
les conditions requises par la loi, pouvait sans même avoir
besoin d'un jugement frapper le défendeur d'une contrainte par corps : *manum depellere in eum*. Le défendeur pouvait recouvrer la liberté en fournissant un
répondant, *vindex*, prêt à prendre son fait et cause et
assez solvable pour que le demandeur fût assuré de
recevoir satisfaction. Mais si le défendeur ne réussissait
pas à fournir un *vindex* il était attribué *addictus*, au
demandeur qui pouvait le détenir dans son *carcer pri-
vatus* ou le faire travailler à son service. Cette *manus*
disparut avec la procédure des actions de la loi sup-
primée, nous le savons, par la loi Æbutia. Des deux
mesures de protection accordées aux *sponsores* nous ne

rencontrerons plus que la plus faible : l'*actio depensi*. Mais certaines mesures vinrent, par compensation, rendre plus rigoureuses la procédure de cette action. Dans les actions personnelles, le défendeur n'avait en droit commun aucune caution à fournir ; le *sponsor* pouvait exiger du débiteur poursuivi par l'*actio depensi* la *cautio judicatum solvi* à peine d'être immédiatement traité comme « *indefensus* » (Gaius, *Com.*, IV, § 25 et § 102). D'autre part, contrairement au droit commun selon lequel la *stipulatio pœnæ* qui garantissait d'ordinaire le *vadimonium*, c'est-à-dire la promesse solennelle de paraître ou recomparaître en justice ne devait jamais dépasser ni la moitié de la somme demandée, ni cent mille sesterces, la *stipulatio pœnæ* put égaler la somme demandée dans l'*actio depensi*.

Avec la loi Publilia, nous avons étudié la dernière disposition législative spéciale à la *sponsio*, mais la plupart des particularités que nous avons examinées se rencontraient également dans le deuxième mode d'*adpromissio* : la *fidepromissio*.

La *sponsio* pouvait seule donner naissance à une obligation accessoire au début du Droit romain. Elle ne pouvait servir qu'entre citoyens romains, mais cet inconvénient était peu important car les relations avec les pérégrins furent d'abord à peu près nulles. Lorsque Rome se fut agrandie, ses relations avec les peuples voisins ne tardèrent pas à s'étendre. Des contrats eurent lieu entre Romains et pérégrins. Il fallut bien trouver pour la garantie de ces contrats un mode d'*adpromissio* rendant les mêmes services que la *sponsio*. C'est dans ce but que fût établie la « FIDEPROMISSIO ».

Le stipulant adressait ces mots au débiteur accessoire : *Fidepromittes-ne* ? Celui-ci répondait : *Fide promitto*. La différence entre les deux modes d'*adpromissio* ne se bornait pas à la variété de leurs formules respectives. Les voies rigoureuses d'exécution données au *sponsor* par la loi Publilia n'existaient pas, en effet, au profit du *fidepromissor* qui n'avait à sa disposition que l'*actio mandati*. Les rapports des *fidepromissores* entre eux et avec le créancier étaient réglés comme ceux des *sponsores* par les lois Apuleia et Furia. La formalité de la *prædictio* exigée du créancier qui recevait des *sponsores* devait également être accomplie par le créancier à qui l'on présentait des *fidepromissores*. Ces nombreuses ressemblances entre les deux premiers modes d'*adpromissio* expliquent que la plupart des auteurs ne les aient pas séparés dans leur étude. La grande différence entre la *sponsio* et la *fidepromissio* consistait en ce que la première avait lieu exclusivement entre citoyens romains tandis que la *fidepromissio* pouvait intervenir entre des citoyens romains et des pérégrins. Mais, sauf les autres différences que nous avons indiquées, ces deux modes d'*adpromissio* étaient régis par les mêmes règles. Ils avaient aussi les mêmes inconvénients qui nécessitèrent la création de la *fidejussio*. Avant de commencer l'étude de ce troisième mode d'*adpromissio*, nous exami nerons brièvement les principales lacunes que présentaient la *sponsio* et la *fidepromissio* et auxquelles on porta remède en permettant l'usage de la *fidejussio.*

Toute obligation, quelle qu'en fut la cause aurait dû pouvoir être garantie. Or le texte suivant nous prouve que la *sponsio* et la *fidepromissio* ne pouvaient s'appliquer qu'aux obligations *verbis* : « *Nam illi quidem nullis obligationibus accedere possunt nisi verborum* » (Gaius, *Com.,* III, § 119). Les *sponsores* et *fidepromissores* ne pouvaient donc accéder à une obligation ayant sa source dans un quasi-contrat, un délit, un quasi-délit ou même un contrat qui ne fut pas *verbis.* Cette dérogation au principe que l'on pouvait stipuler toute chose *in commercio* résultait d'une interprétation exagérée du caractère accessoire de la *sponsio* et de la *fidepromissio.* L'*adpromissio* étant une obligation accessoire devait avoir un objet identique à celui de l'obligation principale. Les Romains en concluaient que les deux obligations devaient avoir la même cause, c'est-à-dire résulter toutes deux d'un contrat *verbis.* Mais ils appliquaient ce principe le plus largement possible car la *fidepromissio* et la *sponsio* pouvaient s'appliquer à toutes les obligations *verbis,* ne fussent-elles que naturelles. Gaius nous cite trois exemples d'obligations naturelles *verbis* qui étaient vablement garanties par une *fidepromissio* ou une *sponsio* (l'*adpromissio* était valable) «.... *quamvis interdum ipse qui promiserit, non fuit obligatus veluti si aut femina, aut pupillus sine tutoris auctoritate aut quilibet post mortem suam dari promiserit* » (Gaius, *Com.*, III, § 119). On suppose d'abord une femme ayant contracté *verbis*, sans autorisation. L'obligation sera civilement nulle, mais il y aura au moins une obligation naturelle qui pourra être garantie par une *sponsio* ou une *fidepromissio.*

La deuxième hypothèse, à peu près analogue, est celle d'un pupille ayant contracté sans l'*auctoritas tutoris.* Cet engagement ayant été pris par un incapable n'aura pu donner naissance qu'à une obligation naturelle. Cependant, nous dit Gaius, les *sponsores* et *fidepromissores* pouvaient valablement accéder à cette obligation. Faisons remarquer, toutefois, que le pupille devait être sorti de l'*enfantia* et *proximus pubertatis,* car autrement son engagement n'aurait même pas constitué une obligation naturelle.

Gaius fait allusion en troisième lieu à une personne quelconque « *quilibet* » dont la promesse ne doit être exécutée qu'après sa mort « *post mortem suam* ». Une obligation civilement valable ne pouvait, d'après les jurisconsultes romains, résulter d'une telle promesse. En effet, pensaient-ils, tant que le promettant est en vie, il n'est pas lié et une fois qu'il est mort ses héritiers ne sauraient être tenus d'un engagement qui n'auraient pas lié leur auteur. Mais, là encore nous trouvons une obligation naturelle qui pouvait être garantie par une *adpromissio.*

La *sponsio* et la *fidepromissio* pouvaient garantir non seulement les obligations nées d'une stipulation mais encore toutes les autres obligations *verbis*. A côté de la stipulation, le contrat *verbis* par excellence, il y avait, en effet, deux autres contrats *verbis* dont le rôle était beaucoup plus effacé, nous voulons parler du *jusjurandum liberti* et de la *dotis dictio*. On se demandait d'abord à Rome si ces deux contrats pouvaient être garantis par la *sponsio* et la *fidepromissio*. Dans le *jusjurandum liberti* et la *dotis dictio* l'obligation résultait en effet d'un serment ou d'une promesse et non d'une stipulation. Il n'y avait donc pas identité de cause entre l'obligation principale et l'obligation accessoire. Cependant, on finit par admettre la possibilité d'une *adpromissio*. Nous en trouvons la preuve dans plusieurs passages du Digeste qui fournissent de fortes présomptions à l'appui de cette doctrine : « *Pro liberto jurante fidejubere quemvis posse placet* (Dig., liv. XXXVIII, tit. 1, loi 8, §1). Ces textes font seulement allusion à des fidéjusseurs, mais il est probable que Justinien fit substituer le mot *fidejubere* aux mots *spondere* et *fidepromittere* pour cette raison bien simple que la *sponsio* et la *fidepromissio* avaient toutes deux disparu pour faire place à la *fidejussio*. Nous devons donc admettre que la *sponsio et la fidepromissio*, si elles s'appliquaient aux seuls contrats *verbis*, pouvaient au moins garantir tous les contrats intervenus en cette forme. Du reste, malgré une interprétation aussi large, cette règle n'en était pas moins très gênante. Il fallait, en effet, user d'expédient lorsque le *sponsor* ou le *fidepromissor* se trouvaient en présence d'une obligation qui n'était pas contractée *verbis*. On se servait de la novation pour transformer ces obligations en obligations *verbis*, mais il ne faut pas oublier que la présence et le consentement du débiteur étaient rigoureusement nécessaires pour opérer une telle transformation.

Ce premier inconvénient de la *sponsio* et de la *fidepromissio* pouvait être atténué dans une certaine mesure par l'emploi de ce moyen. Nous allons, au contraire, étudier une nouvelle lacune présentée par ces modes de garantie et à laquelle on ne pouvait porter remède. Gaius nous la signale en ces termes « *Præterea sponsoris et fidepromissoris heres non tenetur nisi si de peregrino fidejussore quæramus et alia jure civitatis ejus utatur.* » (*Com.*, III, § 120). L'obligation des *sponsores* ne se transmettait donc pas à leurs héritiers. Quant à celle des *fidepromissores*, le texte de Gaius fait une distinction qu'il est facile d'expliquer en examinant les origines de la *fidepromissio*. Elle avait été créée, nous le savons, pour servir dans les rapports entre Romains et pérégrins. Or il y avait deux sortes de pérégrins. Les premiers étaient les pérégrins *sine civitate*. Ils n'appartenaient à aucune cité déterminée et n'étaient pas régis par des lois spéciales. On leur appliquait purement et simplement les règles du Droit romain. Les *fidepromissores* appartenant à cette classe étaient donc traités comme les citoyens romains et leurs obligations n'étaient pas transmissibles. D'autres pérégrins, au contraire, conservaient un droit de cité. La loi de la contrée dont ils étaient citoyens continuait de leur être appliquée. On lui donnait même la préférence sur la loi romaine toutes les fois qu'elle ne contrevenait pas à des dispositions intéressant l'ordre de l'État. Supposons que l'un de ces pérégrins se fût porté *fidepromissor* ; il pouvait, en mourant, transmettre à ses héritiers l'obligation ainsi contractée si la transmissibilité était admise par les lois de son pays. Il n'y avait là en effet rien de contraire à l'ordre public. Il est plus difficile de comprendre dans quel but cette intransmissibilité avait été établie. Elle ne profitait pas évidemment au créancier dont elle mettait les sûretés en péril et ne présentait aucune utilité pour le débiteur dont elle restreignait le crédit. Cette règle n'était donc pas inspirée par l'intérêt des parties en cause ; elle avait son origine dans une interprétation exagérée du caractère personnel du mandat auquel on assimilait sous ce rapport la *sponsio* et la *fideipromissio*. On croyait que le mandat donné par le débiteur principal à l'*adpromissor* s'éteignant à la mort de celui-ci ; les promesses échangées, en exécution de ce mandat, avec le créancier s'éteignaient aussi et ne réfléchissaient pas sur les héritiers de l'*adpromissor*. Une telle interprétation était assez défectueuse. En effet, si les *adpromissiones* devaient dépendre de l'extinction du mandat conféré à l'*adpromissor* ; elles eussent aussi dû s'évanouir à la mort du débiteur principal vu que le mandat s'éteint par le décès non seulement du mandataire, mais aussi du mandant. On n'a jamais tiré ces dernières conséquences du prin-

cipe de la personnalité du mandat mais l'application qui
en était faite créait, nous l'avons vu, une situation très
désavantageuse soit pour le créancier, soit pour le débiteur principal. La fidéjussion réalisait donc un grand
progrès sur les deux autres modes d'*adpromissio*, puisque
l'obligation des *fidejussores* se transmettait à leurs héritiers comme nous le verrons au chapitre suivant. Aux
deux grands inconvénients présentés par la *sponsio* et la
fidepromissio, il faut ajouter ceux résultant de la loi Furia que nous avons examinée plus haut: c'étaient la division de la dette entre les *fidepromissores* et *sponsores*
et l'extinction de l'obligation par un délai de deux ans.
Les dispositions de la loi Furia ne s'appliquaient pas à
la *fidejussio*, il en résultait donc une nouvelle cause de
supériorité pour ce mode d'*adpromissio*.

Quelques commentateurs ont, en outre pensé que les
sponsores et *fidepromissores* devaient s'obliger tous en
même temps que le débiteur principal, tandis que les
fidejussores pouvaient s'engager « *non eodem tempore* ».
Cette doctrine ne nous paraît guère admissible. Ses partisans, en effet, exigent que les *sponsores et fidepromissores* s'engagent en même temps que le débiteur principal et leur accordent toutefois la faculté de ne pas
s'engager dans le même lieu. Or, si le débiteur principal s'engageant à Rome, un *sponsor* pouvait s'engager
à Athènes et l'autre à Sparte ; comment était-il possible
que ces trois obligations naquissent rigoureusement en
même temps, à cette époque où les communications

étaient fort difficiles. A ce premier argument, nous pouvons ajouter que la loi Cicereia dont l'objet a été examiné plus haut n'aurait eu aucune raison d'être si les *sponsores* et *fidepromissores* avaient dû s'engager tous *eodem tempore*.

Voici sur quel argument s'appuie l'opinion opposée à celle que nous venons d'exposer. Les partisans de cette opinion invoquent le texte suivant des Institutes : (Liv. III, § 20, tit. 3) « *Fidejussor et præcedere obligationem et sequi potest* ». A propos de cette phrase, ils nous rappellent que les *Commentaires* de Gaius ont servi de modèle aux Institutes de Justinien. Or les paragraphes du manuscrit de Gaius correspondant au titre des Institutes où nous rencontrons ce texte sont consacrés à une comparaison entre la *fidejussio* et les autres modes d'*adpromissio*. Le titre 20 des Institutes devait donc être conçu dans le même esprit que le passage de Gaius dont il était imité et contenir une antithèse tacite entre la *fidejussio*, la *sponsio* et la *fidepromissio*. En décidant que le fidéjusseur pouvait s'engager *non eodem tempore*, ce texte nous laisse entendre qu'il n'en était pas de même des *sponsores* et des *fidepromissores*. Il n'est, du reste, pas étonnant, ajoutent les partisans de cette doctrine, que ces derniers ne soient pas nommés puisque la *sponsio* et la *fidepromissio* avaient cessé d'être en usage à l'époque de Justinien.

Pour répondre à cette argumentation, nous nous contenterons de faire observer que l'on ne trouve dans les

Commentaires de Gaius aucune trace du paragraphe 3 de Justinien. Le plan suivi dans cette partie des Institutes est tout différent de celui de Gaius. Il est facile de s'en convaincre en comparant les deux textes. Remarquons, en outre, que la *sponsio* et la *fidepromissio* ne sont pas même citées aux Institutes de Justinien ; il paraît donc peu vraisemblable que l'on ait songé à comparer ces différents modes d'*adpromissio*. Les Institutes se bornent à nous indiquer un caractère de la fidéjussion et n'ont nullement pour but de nous en signaler une supériorité sur la *sponsio* et la *fidepromissio*.

Du reste, les inconvénients que nous avons signalés étaient suffisants et point n'est besoin d'en chercher de nouveaux pour justifier la création de la *fidejussio*. On s'explique facilement que les progrès réalisés par ce mode de cautionnement aient fait peu à peu disparaître la *sponsio* et la *fidepromissio*. Aussi n'en retrouvons-nous plus trace à l'époque de Justinien où l'*adpromissio* ne comprenait qu'une seule forme : c'était la *fidejussio* dont nous pouvons maintenant commencer l'étude.

CHAPITRE II

DE FIDEJUSSORIBUS.

SECTION I. — Conditions nécessaires pour qu'il y ait fidéjussion.

§ 1er. — *Nécessité d'une dette principale.*

Gaius nous apprend que les fidéjusseurs contractaient en ces termes : « *Idem fidejubes-ne? Idem fidejubeo* ». Ulpien et Justinien ajoutent qu'une pareille obligation pouvait aussi être contractée en grec. C'est une preuve que, dès l'époque d'Ulpien, on pouvait remplacer la formule primitive par une autre formule équivalente. Nous ne devons pas être surpris, du reste, de voir qu'on ait cessé d'exiger des termes sacramentels pour la *fidejussio* puisqu'ils n'étaient plus nécessaires, en général, pour la stipulation. Il est donc probable qu'à l'époque de Justinien, il suffisait, pour la formation du contrat de *fidejussio*, que les parties eussent clairement exprimé leur volonté.

Une condition restait cependant toujours nécessaire pour la validité de la *fidejussio* : c'était l'existence d'une dette principale. Mais, du moment que l'obligation principale existait, peu en importait la forme. Gaius, après nous avoir dit que le *sponsor* et le *fidepromissor* pouvaient seulement accéder à des obligations *verbis*, ajoute : « *Fidejussor vero omnibus obligationibus id est sive re, sive verbis, sive litteris, sive consensu contractæ fuerent obligationes adjici potest* (*Com.*, III, 119). Il n'était donc point nécessaire que l'obligation principale fût *verbis* pour qu'un fidéjusseur pût y accéder. Gaius ne nous parle ni des obligations contractuelles, ni des obligations nées *ex delicto* ou *quasi ex delicto* et nous ne trouvons à ce sujet aucune allusion dans les Instituts (Liv. III, tit. 20, § 1). Faut-il en conclure que la fidéjussion ne s'appliquait pas à de telles obligations? Ce serait une grande erreur, car deux textes d'Ulpien (Dig., liv. XLVI, tit. 1, loi 1 et loi 6, § 2), prouvent surabondamment que le fidéjusseur pouvait accéder à toute espèce d'obligations. L'adage : *Maleficiorum fidejussorem accipi non posse* pourrait faire naître un doute sur l'exactitude de cette règle en ce qui concerne les obligations délictuelles. Mais Gaius nous en fournit l'explication (Dig., liv. XLVI, tit. 1, loi 70, § 5). Dans ce texte, il commence par citer l'adage. « *Maleficiorum fidejussorem accipi non posse* et nous explique qu'il ne faut pas en conclure à l'impossibilité de garantir par la fidéjussion des obligations délictuelles. Il faut y voir, tout simplement, une interdiction de garantir par fidéjussion certains engagements honteux passés entre les auteurs d'un délit. Pour nous faire mieux saisir sa pensée, Gaius cite deux exem=

ples de pareils engagements. Dans le premier, il y a un vol commis par deux personnes dont l'une détient le produit de l'opération ; l'autre désire que sa part dans ce produit lui soit restitué et demande un fidéjusseur en garantie de cette restitution. Dans le second exemple, une seule personne commet le vol, mais elle y est poussée par les exhortations d'un autre individu. Se croyant donc en droit de recevoir quelques garanties contre les risques auxquels elle s'expose, cette personne demande à l'individu qui l'exhorte de lui assurer, par fidéjusseur, le paiement éventuel de la peine pécuniaire à laquelle elle pourrait se voir condamnée.

Dans l'un et l'autre cas la fidéjussion est nulle. En effet l'obligation principale qu'elle vient garantir est illicite ; la loi s'oppose pour des raisons d'ordre public à ce qu'une obligation de cette nature produise des effets. Souffrir, dans ces conditions, l'accession d'un fidéjusseur, ce serait permettre à ces effets de se réaliser par une voie détournée. Mais rien n'empêcherait l'auteur d'un délit de fournir un fidéjusseur pour assurer le paiement des dommages et intérêts auxquels il a été condamné.

Peu importait également que l'obligation principale fut munie d'action ; un fidéjusseur pouvait accéder même à une obligation naturelle : « *Ne illud quidem interest utrum civilis aut naturalis obligatio sit cui adjiciatur* (Gaius, *Com.*, III, § 119). Une obligation naturelle est donc suffisante pour la validité de la fidéjussion, mais encore faut-il qu'il y ait au moins une obligation naturelle ; une

obligation principale radicalement nulle rendrait la fidéjussion impossible. C'est par application de ce principe
qu'Ulpien nous dit : « *Is cui bonis interdictum est.....
non potest promittendo obligari et ideo nec pro eo fidejussor intervenire poterit sicut nec pro furioso* (Loi 6, *De
Verborum obligationibus*). De ce texte il résulte que la
promesse d'un interdit ou d'un fou ne peut être garantie
par un fidéjusseur car aucune obligation ne peut résulter d'un engagement conclu dans des conditions semblables. A première vue, il semble difficile de concilier la
règle qu'Ulpien énonce dans cette loi avec celle que le
même jurisconsulte énonce dans la loi 25 : « *Marcellus
scribit, si quis pro pupillo sine tutoris auctoritate obligato,
prodigove vel furioso fidejusserit, magis est ut ei non sub-
veniatur quoniam his mandati actio non competit.* » Ainsi,
d'après Marcellus, le fidéjusseur du pupille, du prodigue
ou du fou restera tenu sans pouvoir obtenir la *restitutio in integrum*, ce qui est indifférent pour l'incapable
puisqu'il n'a pas à craindre de recours par l'*actio mandati contraria*. Le pupille, n'ayant pu s'obliger envers
celui qui accédait à son engagement, n'a pas en effet à
craindre ce recours. Mais, si le fidéjusseur est tenu, nous
devons en conclure que la dette d'un fou ou d'un prodigue interdit peut être cautionnée. Il devient alors difficile d'expliquer la loi 6. Diverses solutions ont été proposées par les interprètes du Droit romain pour résoudre
cette difficulté. D'après M. Machelard (*Traité des obligations naturelles*), chacune de ces règles aurait en vue une

hypothèse différente. Le fidéjusseur ignorait-il l'interdiction du prodigue dont il avait garanti la dette ; la loi 6 déclare nulle l'obligation ainsi contractée. La loi 25 règlerait au contraire la situation du fidéjusseur qui s'était engagé connaissant l'incapacité de l'interdit et laisserait, dans ce cas, subsister son obligation.

Voici quelle était sur ce point la doctrine de Cujas et de Pothier. Ces deux grands jurisconsultes pensaient que, dans le texte de Marcellus, il s'agissait d'un incapable obligé *jure*, de par la loi, sans que sa volonté fût en cause. Tel serait le cas d'un *furiosus* dont les affaires auraient été gérées par un *negotiorum gestor*. Dans ce cas l'obligation du fou n'étant pas frappée du vice absolu qui entachait sa volonté pouvait être garantie par un fidéjusseur. L'incapable avait-il voulu s'obliger par une promesse, aucune obligation n'en pouvait résulter puisqu'il n'y avait pas consentement et la fidéjussion était impossible. La loi 6, suivant Cujas et Pothier, aurait en vue cette dernière hypothèse et ces deux textes si contraires en apparence, se concilieraient facilement. Cette opinion ne se recommande pas seulement par l'illustration des auteurs qui l'ont soutenue, elle semble encore justifiée par un texte de Gaius qui paraît faire, lui aussi, la distinction que nous venons d'indiquer (Dig., liv. XXVI, tit. 1, loi 70, § IV). Du reste, quelle que soit l'opinion adoptée sur cette question délicate, un point n'en reste pas moins acquis c'est qu'une simple obligation naturelle est suffisante pour rendre valable l'engagement du fidéjusseur.

L'obligation garantie par la fidéjussion ne doit pas nécessairement être une obligation principale, car un fidéjusseur peut présenter en garantie de son obligation accessoire un autre fidéjusseur (*fidejussor fidejussoris*). Mais ces deux fidéjusseurs ne seront pas traités de la même manière et on ne devra pas leur appliquer les règles que nous étudierons plus tard sur les rapports des cofidéjusseurs. En effet, si le premier des deux fidéjusseurs garantit l'obligation principale, le second ne fait que garantir l'obligation accessoire et, par rapport à lui, le premier fidéjusseur a la qualité d'un débiteur principal.

On peut également donner un fidéjusseur pour une obligation future aussi bien que pour une obligation déjà née. Observons cependant que, si l'obligation future ne se réalise pas, la *fidejussio* sera nulle puisqu'il n'y aura pas d'obligation principale. « *Adhiberi fidejussor tam futuræ quam præcedenti obligationi potest, dummodo sit aliqua vel naturalis futura obligatio* ». En un mot, toute obligation valable peut être garantie par la *fidejussio*, mais nous trouvons une exception dans un rescrit des empereurs Gratien, Valentinien et Théodose rendu en 381 et confirmé par Justinien. Il était interdit à la femme de recevoir des fidéjusseurs pour la restitution de sa dot. Une pareille prohibition semble étrange de la part de Justinien qui, loin de restreindre les droits

de la femme, lui avait, au contraire, accordé une hypothèque privilégiée pour la restitution de sa dot. Mais
Justinien nous a fait connaître les motifs de sa décision.
Il craignait que la défiance de la femme qui demande
des garanties contre son mari ne devienne pour le ménage une cause de discorde. D'un autre côté, les fidéjusseurs, pour sauvegarder leurs intérêts, auraient été obligés de s'immiscer dans les affaires du ménage, ce qui
eut encore pu être une source de désaccord entre les
époux. Telle était la seule exception à la règle : « *Omni
obligationi fidejussor accedere potest* ».

§ 2. — *Identité d'objet.*

L'existence d'une obligation principale n'était pas encore suffisante pour la validité de la *fidejussio*; il fallait
aussi que l'objet de ces deux obligations fût le même.
La nécessité de cette identité d'objet se retrouve dans
les trois formes d'*adpromissio*, comme il résulte des termes mêmes des formules employées. « *Idem dari spondes ? Idem fidepromittis ? Idem fidejubes ?* L'objet de
l'obligation accessoire devant être identique à celui de
l'obligation principale, il s'ensuit d'abord que l'*adpromissio* ne peut pas avoir pour objet *aliud*, c'est-à-dire
quelque chose d'autre que ce qui est contenu dans l'obligation principale. Un texte de Javolénus nous fournit
une application de cette règle : « *Si ita fidejussorem ac-
cepero. Quod ego decem credidi de ea pecunia mille modios*

tritici fide tua esse jubes non obligatur fidejussor quia in aliam rem quam quæ credita est fidejussor obligari non potest » (Dig., liv. XVLI, tit. 1, loi 42). Dans le cas prévu par Javolénus la *fidejussio* sera évidemment nulle, car elle a un objet autre que celui de l'obligation principale. Mais il se présentait des cas où la distinction était moins facile. Telle était l'hypothèse prévue dans le texte suivant de Gaius. « *Si reo in fundum obligato, fidejussor in usumfructum accipiatur, quæsitum est utrum obligetur fidejussor quasi in minus annon obligetur quasi in aliud* » (Dig., liv. XLVI, tit. loi 70, § 2). L'incertitude provenait de ce que les jurisconsultes n'étaient pas d'accord sur la nature de l'usufruit d'un fonds. Ils se demandaient si l'usufruit constituait un bien distinct ou s'il ne fallait y voir qu'un démembrement de la propriété du fonds. Cette question était très importante au point de vue de la validité de la fidéjussion. Décidait-on, en effet, que l'usufruitier d'un fond n'était pas propriétaire d'une partie de ce fonds, le fidéjusseur qui avait promis l'usufruit alors que l'obligé principal s'était engagé pour la propriété se trouvait avoir promis *aliud*. Son obligation était par conséquent nulle. Elle était valable, au contraire, pour ceux qui considéraient l'usufruit d'un fonds comme en étant une partie. D'après cette opinion, le fidéjusseur qui promettait l'usufruit faisait simplement une promesse moindre que le débiteur principal et c'était là, nous le verrons, un engagement parfaitement licite. Les jurisconsultes romains penchaient pour la première des deux doctrines que nous venons d'exposer et décidaient, en général, que l'usufruit n'était pas une part soit divise, soit indivise de la propriété. D'après Gaius, on devait traiter l'usufruit comme une part de la propriété dont il était au moins un des éléments intégrants. En conséquence si, le débiteur principal s'étant engagé à donner la propriété, le fidéjusseur promet l'usufruit, l'objet de son obligation est moindre, mais il n'est pas différent et son *adpromissio* est par conséquent valable. Ceci résulte de la fin du texte cité plus haut qui est ainsi conçue : « *Sed cum ususfructus fundi sui est, incivile est fidejussorem ex sua promissione non teneri* ».

Il était également interdit au fidéjusseur de promettre plus que le débiteur principal. L'*adpromissio* étant une dette accessoire ne pouvait évidemment, sans perdre son caractère distinctif, excéder la dette principale : « *non plus in accessione esse potest quam in principali re* ». Du principe que le fidéjusseur ne pouvait s'obliger *in duriorem causam*, on concluait d'abord qu'il ne pouvait promettre une quantité numériquement plus considérable. Tel serait le cas où un fidéjusseur aurait promis dix mille sesterces, alors que le débiteur principal s'était engagé à en donner seulement cinq mille. Mais le lien de l'obligation peut très bien être plus fort chez le débiteur accessoire que chez le débiteur principal. On peut parfaitement, nous l'avons vu, garantir par une *adpromissio* une dette naturelle. Or le créancier acquerra par ce fait une action contre l'*adpromissor* tandis

que le débiteur principal n'était exposé à aucune poursuite. Du reste, les *adpromissores* pouvaient s'engager *in
duriorem causam*, non seulement au point de vue de l'é-
tendue de leurs promesses mais aussi au point de vue des
modalités qui les accompagnaient. « *Non solum autem
in quantitate sed etiam in tempore minus et plus intelligi-
tur* ; *plus est statim aliquid dare minus est post tempus* »
(Gaius, *Com.*, III, § 113). Dans ce texte, nous trouvons
un exemple d'un fidéjusseur engagé sous des modalités
plus rigoureuses que le débiteur principal. Celui qui
s'engage purement et simplement ou à un terme très
rapproché promet plus en effet que le débiteur auquel
un long terme a été accordé. L'*adpromissor* est encore
engagé *in duriorem causam* s'il promet purement et
simplement ce que le débiteur principal a promis sous
condition. Ce dernier sera libéré, en effet, au cas de
non avènement de la condition ; son garant, au contraire, sera quoiqu'il arrive tenu d'exécuter son obligation.

Que faudrait-il décider si l'*adpromissor* et le *reus* s'é-
taient engagés tous deux sous des conditions différentes?
Le sort de leurs obligations dépendra du moment où les
conditions s'accompliront. La condition de laquelle dépend l'engagement du débiteur principal s'accomplit-
elle la première, le fidéjusseur sera tenu dès que sur-
viendront les circonstances auxquelles il a subordonné
la validité de sa promesse. Si c'était au contraire la condition jointe à la promesse du débiteur accessoire qui

s'accomplissait la première, la fidéjussion ne serait pas valable puisqu'une fois la condition arrivée le fidéjusseur serait tenu purement et simplement, tandis que l'engagement du *reus* resterait conditionnel. Le débiteur principal s'était-il engagé sans que l'on eût fixé le lieu du paiement; le fidéjusseur ne pouvait promettre *cum adjectione loci* car c'eût été s'engager *in duriorem causam.* Il en était de même si le fidéjusseur promettait de payer dans un endroit où l'exécution était plus onéreuse. Ainsi, nous dit Julien, le fidéjusseur ayant promis à Rome de payer à Ephèse, tandis que le débiteur principal a promis de payer à Capoue, ne sera pas obligé car il est moins onéreux quand on est à Rome de faire opérer un paiement à Capoue qu'à Ephèse. Ulpien (Dig., liv. XLVI, tit. 1, loi 8, § 8) nous fournit encore un autre exemple d'*adpromissio in duriorem causam.* Ce jurisconsulte suppose qu'un créancier, après avoir stipulé l'esclave Stichus, se fait promettre par un fidéjusseur le même esclave ou dix pièces d'or et nous dit, que d'après Julien, le fidéjusseur n'est pas obligé. En effet, Stichus viendrait-il à mourir le fidéjussseur resterait tenu au paiement de dix pièces d'or, tandis que le débiteur principal serait libéré. La condition du fidéjusseur serait donc plus dure que celle du débiteur principal. Marcellus, ajoute cependant Ulpieu, est d'avis que si le fidéjusseur n'est pas obligé, ce n'est pas seulement parce qu'il s'est engagé *in duriorem causam,* mais parce qu'il s'est engagé à autre chose. En effet, si le fidéjusseur qui a promis Stichus ou dix pièces

d'or choisit cette dernière alternative, l'objet de l'obligation se trouvera rétroactivement fixé sur la somme dix,
au paiement de laquelle le débiteur principal ne s'était
jamais engagé. Il n'y aura donc plus identité d'objet entre l'obligation principale et l'obligation accessoire, mais
la discussion est en somme peu importante puisque, de
toutes les façons, la fidéjussion sera sans valeur.

Supposons maintenant que le débiteur principal ait
promis de donner la maison A ou la maison B, tandis
que le fidéjusseur a seulement promis la maison A. Un
examen superficiel pourrait faire croire que l'obligation
de *l'adpromissor* est la plus rigoureuse puisqu'il n'a pas
le droit d'en choisir l'objet. Cette obligation tomberait
donc sous le coup de la règle que nous étudions et le
fidéjusseur ne serait pas tenu. Tel n'est cependant pas
l'avis de Paul; ce jurisconsulte observe, en effet, que, si
la maison A vient à être détruite, le *reus* restera tenu
de transférer à son créancier la propriété de la maison
B, tandis que le fidéjusseur sera libéré. Sa situation, loin
d'être moins favorable que celle du débiteur principal,
est bien plus avantageuse. Le débiteur accessoire tenu
dans ces conditions ne pourra donc se délier de sa promesse en invoquant le principe que *l'adpromissor* ne peut
s'engager *in duriorem causam*.

Après avoir fait quelques applications de cette règle,
nous devons maintenant en donner la sanction et dire
quelle était au juste la situation de *l'adpromissor* qui s'é-
tait engagé *in duriorem causam*. Les commentateurs

ne sont pas d'accord sur ce point. Pour les uns, en effet, l'obligation de l'*adpromissor* est entièrement nulle ; d'autres, au contraire, sont seulement d'avis qu'elle doit être réduite à la mesure de l'obligation principale. Voyons sur quels arguments s'appuient les partisans de cette dernière opinion. Ils invoquent d'abord l'adage : « *Utile per inutile non vitiatur* » et disent que si le fidéjusseur a promis plus que le *reus* son obligation ne devra pas être annulée mais seulement réduite à la mesure de l'obligation principale. Une autre solution serait absolument contraire aux principes que nous avons cités plus haut. On comprendrait en outre difficilement, ajoutent les partisans de ce système, que le fait pour le fidéjusseur de s'être engagé plus rigoureusement que le débiteur principal puisse suffire à annihiler la sûreté du créancier. Ce premier argument est assez peu probant, car l'adage cité, loin de viser particulièrement la situation des *adpromissores* a une portée toute générale et il n'y a aucune raison de l'appliquer d'une façon spéciale au cas qui nous occupe. Remarquons, en outre, que les adages fournissent de bien médiocres arguments. Ils peuvent avoir une certaine valeur en l'absence de toute disposition législative ; mais cette valeur n'existe plus lorsqu'ils se trouvent en opposition avec un texte de loi. Or il existe, nous le verrons, des textes qui contredisent absolument cet axiome.

Le deuxième argument est tiré d'un texte de Julien (Dig., liv. XVII, titre 1, loi 33). Ce jurisconsulte suppose qu'un tiers, sur la demande d'un débiteur, s'est porté fidéjusseur. A-t-il promis une somme supérieure à celle qu'on l'avait chargé de garantir, l'action *mandati* lui sera accordée pour se faire rembourser tout ce qu'il aura payé dans les limites de son mandat. De là on conclut que l'obligation contractée par le fidéjusseur devait être valable. Si elle ne l'était pas, en effet, il n'aurait pas manqué d'exciper de cette nullité pour éviter de payer et n'aurait pas besoin de l'action *mandati* pour obtenir son remboursement. Pour réfuter cet argument, il suffit d'observer que l'hypothèse prévue par Julien ne présente aucune analogie avec l'*adpromissio in duriorem causam*. Julien suppose que le débiteur principal a chargé une tierce personne de se porter fidéjusseur jusqu'à concurrence d'une somme déterminée. Mais cette somme peut parfaitement être inférieure à celle qu'il doit réellement Il est donc très possible que le fidéjusseur, tout en ayant outrepassé les termes du mandat, se soit obligé pour une somme moindre que le débiteur principal. Il n'y aurait point alors d'*adpromissio in duriorem causam* et, par conséquent le texte de Julien ne peut servir d'argument dans cette discussion.

Comme dernier argument, les partisans de ce système nous font observer ce qui a lieu dans un pacte de constitut lorsque le constituant s'est engagé pour une somme plus forte que le débiteur originaire. Ulpien ne met pas en question la validité de l'obligation du constituant et décide seulement qu'elle devra être réduite à la mesure

de l'obligation garantie (Dig., liv. XIII, tit. 5, loi 11).
Après avoir cité ce texte, les commentateurs se réfèrent
à un autre passage d'Ulpien où se trouve réglée la
situation de tous ceux qui, s'obligeant pour autrui, ont
contracté une obligation plus importante que celle
qu'ils devaient garantir. « *Illud commune est in uni-
versis qui pro aliis obligantur quod si fuerint in duriorem
causam adhibiti placuit eos omnino non obligari* (Dig.,
liv. XLVI, tit. 1, loi 8, § 7). Les termes généraux dans
lesquels ce texte est conçu nous prouvent qu'Ulpien
avait en vue non seulement les *adpromissores* mais encore tous les *intercessores*. Or, parmi les modes d'*intercessio*, figure le constitut qui devrait être nul comme les
autres en cas d'engagement *in duriorem causam*. Il
y aurait donc contradiction entre les deux textes et il
faudrait admettre que le passage cité en dernier lieu a
subi une altération. Aussi les jurisconsultes qui soutiennent cette dernière opinion sont-ils d'avis de le lire
d'une manière différente. Ulpien, à leur avis, n'aurait
pas écrit *eos omnino non obligari* mais *eos non omnino
obligari*. Ainsi entendu le texte d'Ulpien signifierait que
les *intercessores* ayant accédé *in duriorem causam* ne
sont obligés que pour la partie non réduite.

A cet argument nous répondrons d'abord que, même
en admettant cette modification au texte de Justinien,
le sens n'en serait pas changé. Nous trouvons, en effet,
cette phrase aux Instilutes (liv. II, tit. 7, § 2). « *Aliæ
autem donationes sunt quæ non omnino comparantur le-*

gatis » et tout le monde est d'accord pour la traduire ainsi : il y a encore d'autres donations qui ne sont pas du tout comparées aux legs. Quelle que soit donc la place occupée par le mot *omnino* dans la phrase, le sens qui lui est donné est toujours contraire à l'opinion que nous venons d'exposer. Quant à la contradiction que l'on veut voir entre les deux textes d'Ulpien, nous répondrons qu'elle n'existe pas. Ulpien, dans le premier texte, ne songeait pas au pacte de constitut qui devait évidemment être d'une application plus large que les autres modes *d'adpromissio*. Le préteur avait créé, en effet, le pacte de constitut pour soustraire les cautions aux règles si rigoureuses qui régissaient *l'adpromissio*. La nullité de l'engagement *in duriorem causam* contracté par le fidéjusseur résultait d'une de ces règles ; il ne faut donc pas s'étonner de ne pas retrouver cette cause de nullité dans le pacte de constitut.

Tels sont les principaux arguments de ceux qui prétendent que l'obligation *in duriorem causam* doit être réduite et non pas annulée. Nous espérons avoir suffisamment démontré le peu de fondement de ces arguments pour pouvoir maintenant exposer ceux qui militent en faveur de la nullité de l'engagement contracté dans ces conditions. Ce système a pour lui un texte formel ; Ulpien nous dit en effet, sans ambiguïté, que l'obligation contractée *in duriorem causam* est nulle. « *Placuit eos omnino non obligari* ». En outre l'esprit de Droit romain était plus favorable à la nullité qu'à la réduction. Gaius (*Com.*, III, § 102) nous dit qu'une stipulation est inutile si l'on ne répond pas rigoureusement à l'interrogation, c'est-à-dire si, interrogé pour dix, on répond pour cinq ou réciproquement. Nous trouvons encore une preuve de cet esprit rigoriste dans la théorie romaine de la *plus petitio*. Le seul fait d'avoir demandé plus qu'il ne lui était dû suffisait à faire débouter le demandeur qui n'obtenait même pas ce qu'on lui devait. Il était donc logique, dans l'ordre d'idées qui nous occupe, de faire annuler la promesse et non de la réduire. C'est bien ainsi que nous entendons le texte d'Ulpien et nous en concluons que l'obligation contractée *in duriorem causam* est nulle. Mais, nous le répétons, par obligation *in duriorem causam*, nous entendons une obligation accessoire ayant pour objet plus que l'obligation principale et, non pas un engagement ayant le même objet mais dont la sanction serait plus énergique.

Si l'*adpromissor* ne pouvait promettre plus que le débiteur principal, rien ne l'empêchait de contracter un engagement moins onéreux. Jusqu'à concurrence de ce qu'il avait pu promettre, il y avait en effet identité d'objet entre les deux obligations. Non seulement cette faculté était accordée à l'*adpromissor*, mais, dans certaines circonstances, il lui était même interdit de s'obliger d'une façon aussi rigoureuse que le débiteur principal. Cette dérogation au principe de la liberté des obligations fut établie par la loi Cornélia rendue, selon, toutes probabilités, en l'an 673 de Rome, sous la dictature de Sylla. En vertu de cette loi qui s'appliquait aux trois classes d'*adpromis-sores*, il était interdit aux citoyens romains de contracter, dans une même année, pour la garantie d'un même débiteur envers un même créancier, des engagements supérieurs à 20.000 sesterces «..... *vetatur in ampliorem summam obligari creditæ pecuniæ quam in XX millium* » (Gaius, *Com.*, III, § 124). Dans la suite de ce paragraphe nous trouvons une explication de ces mots *credita pecunia* qui semblent un peu obscurs au premier abord. Par *credita pecunia*, nous dit Gaius, il faut entendre toute espèce de valeur soit en argent, soit en toute autre chose due immédiatement d'une façon certaine. Cette valeur pourrait, par conséquent, faire l'objet d'une créance à terme mais non d'une créance conditionnelle, car, dans ce dernier cas, l'existence de la créance cesserait d'être certaine et il n'y aurait plus alors *credita pecunia*. Telle était la règle établie par cette loi Cornélia ; malheureusement, le texte de Gaius étant incomplet, nous ignorons de quelle sanction étaient frappées les *adpromissiones* supérieures à 20.000 sesterces.

Le but de cette loi n'était évidemment pas de protéger les *adpromissores*. La loi Cornélia fut rendue à une époque aristocratique où l'on ne devait pas avoir en vue l'intérêt des *adpromissores*. Ceux-ci, en effet, étaient généralement des plébéiens, puisque le débiteur principal s'adressait habituellement à ses clients, pour la garantie de ses dettes. La loi Cornélia, comme les autres lois étudiées plus haut, était plutôt une mesure destinée à entraver les habitudes dissipatrices des patriciens en leur coupant le crédit. Il résultait de cette loi une grande gêne pour les emprunteurs car, pour une dette considérable, il leur fallait de nombreux garants.

Cependant, dans certains cas, il était apporté des exceptions à cette règle et le taux de 20.000 sesterces pouvait être dépassé. Gaius (*Com.*, III, § 125) nous fournit des exemples de ces exceptions. « *Ex quibusdam tamen causis permittit ea lex in infinitum accipere veluti si dotis nomine vel ejus quod ex testamento debeatur aut jussu judicis satis accipiatur* ». La loi Cornélia ne s'appliquerait donc pas si la caution était fournie en garantie d'une dot, ce qui pouvait avoir lieu dans deux hypothèses. Le mari étant créancier de la dot, on pouvait lui fournir une caution pour en garantir le paiement. Il était possible, au contraire, que la dot fût due par le mari qui, ne pouvant immédiatement la restituer, présentait un *adpromissor*. Gaius ne nous dit pas si, dans ces deux hypothèses ou dans l'une d'elles seulement, la prohibition de la loi Cornélia ne s'appliquait pas. Mais, d'après une constitution des empereurs Gratien et Valentinien, le mari débiteur de sa femme ne pouvait lui fournir une caution. On donnait pour raison de cette interdiction que l'intrusion d'un étranger dans les affaires de la communauté aurait pu devenir une cause de dissentiment entre les époux.

Gaius nous dit ensuite que l'on pouvait recevoir caution à l'infini pour la garantie de ce qui est dû en vertu d'un testament. Si donc un héritier, voulant assurer à un légataire le paiement de son legs ; fournissait une caution, l'*adpromissor* présenté par lui ne tombait pas sous le coup de la loi Cornélia.

Cette loi cesserait également de s'appliquer, nous dit Gaius, si la caution était fournie sur l'ordre du juge.

Nous trouvons une autre exception à la loi Cornelia dans la « *lege vicesima hereditatum* ». Cette loi avait établi un impôt de 5 0/0 sur toutes les successions qui n'étaient pas échues à des descendants. Si, pour garantir le recouvrement de cet impôt, une caution était donnée ; elle n'était pas soumise à la loi Cornélia. « ..... *Lege vicesima hereditatium cavetur ut ad eas satisdationes quæ ex ea lege proponuntur lex Cornelia non pertineat* » (Gaius, *Com.*, III, § 125). Ces quatre exceptions sont les seules que nous connaissions à la loi Cornélia ; on ne sait s'il en existait d'autres, mais là n'est pas pour nous la question. Notre but en étudiant la loi Cornelia était, en effet, de bien faire voir que, si la nécessité de l'identité d'objet entre l'obligation principale et l'obligation accessoire empêchait l'*adpromissor* de promettre plus que le *reus*, il pouvait parfaitement s'engager à moins.

§ 3. — *Nécessité d'un débiteur principal.*

L'*adpromissor* ne devait pas seulement garantir une dette principale réellement existante ; il fallait encore s'engager pour un débiteur principal qui existait véritablement. Cette nouvelle condition résulte d'un texte de Florentinus (Dig., liv. XLVI, tit. 1, loi 22). Ce jurisconsulte suppose que le débiteur principal est mort et nous dit que, même avant l'adition de son hérédité, un fidéjusseur pourra se présenter pour garantir les dettes de sa succession. Mais, si l'*adpromissio* était alors admise, c'était en vertu de ce principe que la personne du défunt se continuait dans l'hérédité : *quia hereditas personæ vice fungitur*. Cette hypothèse étant, d'après Florentinus tout à fait exceptionnelle ; nous devons en conclure qu'en principe un *adpromissor* ne pouvait intervenir en l'absence d'un débiteur principal.

De cette règle on déduisait d'autres conséquences parmi lesquelles nous en trouvons de fort curieuses. Ainsi, dans un texte de Papinien (Dig., liv. XLVI, tit. 1, loi 47, *princip.*) nous voyons qu'un fidéjusseur ne saurait être accepté pour un débiteur principal condamné à la déportation. La peine de la déportation emportait pour celui qui en était l'objet une *media capitis deminutio*. Or, en Droit romain, cette peine avait pour effet de faire disparaître la personnalité du *capite minutus* qui devenait ainsi un autre individu. Tous les actes par lui accomplis avant la *capitis deminutio* étaient censés avoir été faits par une autre personne. Si le déporté avait contracté des dettes antérieurement à sa condamnation, il n'en était plus considéré comme le débiteur. Ces dettes existaient donc bien mais il n'y avait pas de débiteur. Aussi la fidéjussion était-elle impossible en vertu de la règle que nous étudions.

Cette conséquence de la *capitis deminutio* était ex-

cessive ; aussi voyons-nous le préteur remédier peu à
peu aux inconvénients qui en résultaient. Si le débiteur
avait seulement subi une *minima capitis deminutio* on
accordait au créancier des actions utiles pour se faire
rembourser. Cet expédient était alors possible parce
que le *capite minutus* conservait tous ses biens malgré
sa déchéance. Il n'en était plus de même s'il s'agissait
d'une *media capitis deminutio* car le fisc s'emparait
de tout ce que possédait le *capite minutus* et les actions
utiles auraient été sans effet pour le créancier. Le fisc
fut alors déclaré tenu des dettes, *intra vires*, par application du principe : *bona non intelliguntur nisi
deducto ære alieno*. Le préteur accorda enfin aux créanciers de celui qui avait subi la *capitis deminutio* une
restitutio in integrum contre les personnes qui avaient re-
cueilli ses biens. Le débiteur originaire disparaissait
donc mais un autre prenait sa place et l'obligation de
celui-ci pouvait parfaitement être garantie par un fidéjusseur. Il ne faut pas oublier, d'ailleurs, que notre règle
s'appliquait seulement lorsque les fidéjusseurs s'engageaient sans qu'il existât de débiteur principal. L'*adpromissio* n'était pas nécessairement nulle et pouvait
même garder toute sa force lorsqu'il y avait eu un débiteur principal au jour où elle était intervenue et que
celui-ci avait disparu plus tard.

Les différentes conditions que nous venons d'examiner pour la validité de l'*adpromissio*, en tant qu'obligation indépendante étaient suffisantes dans l'hypothèse

où l'*adpromissio*, ce que l'on peut supposer, ne constituait pas une *intercessio* c'est-à-dire avait été faite dans l'intérêt personnel de l'*adpromissor*. Mais, dans l'hypothèse la plus fréquente, l'*adpromissio* constituait une *intercessio* et, dans ces conditions, outre la capacité générale de s'obliger *verbis*, l'*adpromissor* devait avoir la capacité spéciale d'intercéder.

§ 4. — *Capacité d'intercéder.*

Deux classes de personnes étaient incapables d'intercéder : les femmes et les esclaves. La première prohibition résultait du sénatus-consulte Velléien qui interdisait aux femmes de s'engager pour autrui. Ce sénatus-consulte rendu vraisemblablement sous le règne de Claude ne réalisait pas une innovation mais généralisait plutôt une jurisprudence antérieurement établie. Cette jurisprudence avait son origine dans plusieurs édits rendus par Auguste et Claude (Loi 2, Code). Ces empereurs, voulant éviter que les femmes ne fussent victimes de l'influence maritale, avaient décidé qu'elles ne pourraient intercéder pour leur mari. En dehors de cette hypothèse toute exceptionnelle, les femmes conservaient, sous l'empire de ces édits, leur capacité d'intercéder. Mais, dans la pratique, on alla plus loin ; on ne distingua plus le cas où la femme s'engageait pour son mari de celui où elle garantissait la dette d'un tiers. Il lui fut toujours défendu d'intercéder, même si elle n'était pas mariée. Ce fut à ce système admis par la jurisprudence que le *sénatus-consulte Velléien* vint donner force de loi, sous prétexte que l'*intercessio* rentrait dans les *officia virilia* et ne pouvait être faite par une femme. Cette disposition législative avait été véritablement édictée dans un but de protection pour la femme. Les engagements qui résultaient de l'*adpromissio* n'étant pas destinés à être exécutés immédiatement, on pouvait craindre que la femme, se laissant abuser par la longueur des délais qui lui étaient accordés, ne consentît trop facilement à intercéder. On espérait lui éviter les dangers d'un engagement inconsidéré en lui défendant, d'une manière générale, de s'engager pour autrui. Peu importait, d'ailleurs, le mode d'*intercessio* employé ; l'interdiction s'appliquait aussi bien au *pacte de constitut* ou au *mandatum pecuniæ credendæ* qu'à l'*adpromissio*.

Malgré le caractère général de la prohibition, le sénatus-consulte comportait certaines exceptions. Si, par exemple, une femme s'était rendue coupable de dol et avait usé de manœuvres frauduleuses pour persuader au créancier que son engagement ne constituait pas une *intercessio* ; elle ne pouvait invoquer le sénatus-consulte Velléien pour se libérer lorsque le moment était venu d'accomplir sa promesse.

Le sénatus-consulte Velléien cessait également de s'appliquer lorsqu'une femme intercédait pour son mari malade ou absent, afin de protéger ses intérêts en souffrance. Il y avait évidemment, une *justa causa intercedendi* car la femme n'agissait pas seulement dans l'intérêt de son mari ; elle-même était intéressée à ce qu'il n'éprouvât aucune perte. Il est donc facile de comprendre que, dans de telles conditions, l'*intercessio* n'était point prohibée.

Ayant ainsi délimité la portée du sénatus-consulte Velléien, nous devons nous demander quel était le sort de l'engagement contracté par une femme contrairement à ses dispositions. Cet engagement était radicalement nul et ne donnait même pas naissance à une obligation naturelle. Si la femme acquittait une telle dette, elle pouvait se faire restituer tout ce qu'elle avait ainsi payé dans l'ignorance de la loi. Cette nullité n'avait cependant pas lieu de plein droit et la femme, pour l'invoquer, devait faire insérer l'exception du sénatus-consulte Velléien dans la formule délivrée par le magistrat. C'était alors au juge qu'il appartenait de vérifier si la loi avait été violée. Notons toutefois que, si la contravention à la loi était évidente, le magistrat devait purement et simplement refuser la formule au créancier. Telle était, à l'avènement de Justinien, la situation des femmes au point de vue de l'*intercessio*. Mais cet état de choses fut considérablement modifié par l'empereur byzantin. Celui-ci décida, en effet, que l'*intercessio* prohibée par le sénatus-consulte Velléien serait valable si elle était, au bout de deux ans, confirmée par la femme majeure de 25 ans. L'*intercessio* de la femme était même inattaquable, dès le début, s'il était constaté par un acte authentique que la femme avait reçu quelque chose pour intercéder. Les rigueurs du sénatus-consulte Velléien se trouvaient dès lors bien

adoucies lorsque la femme s'obligeait pour un tiers mais
elles étaient maintenues tout entières dans le cas spécial
où la femme intercédait pour son mari. La confirma-
tion de la femme était alors insuffisante pour valider
son *intercessio* qui était radicalement nulle. Justinien
abandonnait, en un mot, les principes de la jurisprudence pour en revenir aux édits d'Auguste et de Claude.
Comprenant que l'influence maritale était la plus à craindre pour la femme, Justinien maintenait la prohibition
du sénatus-consulte Velléien lorsqu'elle s'engageait dans
l'intérêt de son mari. Si la femme intercédait pour un
tiers, Justinien, outre les conditions nécessaires à la formation de toute obligation, exigeait seulement quelques
formalités supplémentaires destinées à la faire réfléchir
sur l'importance de son engagement et les conséquences
qui pouvaient en résulter.

La seconde catégorie de personnes qui ne pouvaient
s'obliger pour autrui était composée des esclaves. Ceux-
ci, bien qu'ils ne pussent, en aucun cas, s'obliger civilement étaient cependant libres de contracter une obligation naturelle. Lorsqu'ils étaient possesseurs d'un
pécule, l'obligation ainsi contractée rejaillissait sur le
maître *intra vires peculii*. Les esclaves auxquels un
pécule avait été confié possédaient donc, jusqu'à un
certain point, la faculté de s'obliger. Mais cette capacité n'existait plus lorsque l'engagement de l'esclave
constituait une *intercessio*. Le maître ne supportait les
conséquences d'une semblable obligation que dans une

seule hypothèse signalée par Julien (Dig., liv. XLVI,
tit. 1, loi 19). Nous voulons parler du cas où l'esclave
s'était porté *adpromissor* pour une affaire intéressant
le pécule. Dans toute autre hypothèse, l'esclave qui intercédait ne contractait pas une obligation valable et son
maître pouvait répéter tout ce qu'il avait payé en exécution de son engagement. Quant à la procédure employée
par le maître pour se faire restituer les sommes indûment payées, elle variait suivant que l'esclave s'était acquitté avec des sommes provenant de son pécule ou
avec l'argent de son maître. Dans le premier cas, le maître
se servait, pour obtenir son remboursement, de la *condictio sine causa* tandis que, si le paiement avait été fait
avec son argent, il pouvait *revendiquer* tout ce qui avait
été ainsi détourné de son patrimoine par l'esclave. La
sanction était donc variable mais un point restait toujours certain : c'était l'inefficacité de toute *intercessio*
contractée par un esclave.

Les fils de famille pouvaient, eux aussi, être possesseurs d'un pécule mais on ne leur appliqua jamais le système adopté pour les esclaves qui se trouvaient dans
une situation analogue. Les causes pour lesquelles on
avait interdit aux esclaves d'intercéder n'existaient plus
lorsqu'il s'agissait de fils de famille. On pouvait craindre
que les esclaves ne compromissent, par leur mauvaise
administration, un pécule dont ils ne devaient jamais
profiter. Les fils de famille, au contraire, avaient tout
intérêt à la bonne gestion du pécule dont ils pouvaient

espérer recueillir au moins une partie dans l'héritage paternel. Ils étaient donc libres d'intercéder comme d'ailleurs toutes les personnes capables de s'obliger.

SECTION II. — Effets de la fidéjussion entre le créancier et les fidéjusseurs.

Le créancier qui avait reçu un fidéjusseur pouvait, au moment de l'échéance, réclamer le paiement total de la dette soit au débiteur principal, soit à celui qui s'était porté son garant. Le fidéjusseur ne pouvait se dispenser d'accomplir sa promesse, sous prétexte que, le débiteur principal étant solvable, c'était à ce dernier que le créancier devait s'adresser afin d'éviter au débiteur accessoire le fardeau de l'avance. Par le fait de la stipulation intervenue entre lui et le fidéjusseur, le créancier avait acquis contre celui-ci des droits exactement semblables à ceux dont il disposait déjà contre le débiteur principal. Il pouvait donc choisir celui de ces deux débiteurs qui paraissait être le plus solvable. Si le créancier ne pouvait se faire payer intégralement par le débiteur qu'il avait choisi, il lui était impossible d'agir contre l'autre pour se faire complètement désintéresser. C'était là une conséquence de la règle : *Eadem res non potest bis in judicium de duci.* Mais cette règle n'empêchait nullement le créancier de diviser ses poursuites entre les deux débiteurs et de les poursuivre successivement pour une partie de la dette.

On s'est demandé, à ce sujet, si le créancier qui n'avait pas intenté d'action pour la totalité de sa dette pouvait se voir opposer l'exception *litis dividuæ* lorsqu'il agissait pour le reste avant l'expiration des pouvoirs du magistrat qui lui avait délivré la formule. Il faut, à notre avis, répondre négativement à cette question car le but de l'exception *litis dividuæ* était surtout d'empêcher les créanciers de fractionner leur action contre une même personne en une foule de poursuites partielles qu'ils intentaient à de courts intervalles, dans une intention vexatoire. Or, si le créancier poursuivait le débiteur principal pour une partie et l'*adpromissor* pour le reste, cette intention vexatoire n'existait pas car chacun des deux obligés n'était alors poursuivi qu'une fois. Telle était, à l'origine, d'après un texte d'Alexandre Sévère (Code Liv. V, tit. 57, loi 1) la situation du créancier qui n'avait reçu qu'un seul fidéjusseur. Le fait d'avoir reçu plusieurs *adpromissores* ne modifiait pas sensiblement cette situation. Le créancier pouvait alors poursuivre soit l'un des obligés, *in solidum*, soit plusieurs des obligés, *in partem*. Il lui était interdit, comme dans l'hypothèse précédente, de poursuivre tous les débiteurs pour le montant total de la dette.

Le seul avantage du créancier qui recevait plusieurs *adpromissores* était donc de pouvoir choisir entre un plus grand nombre de débiteurs celui dont il recevrait son paiement. Ce choix ne lui appartenait plus dès l'instant où la *litis contestatio* était intervenue entre lui et l'un des obligés.

Une telle application de la règle nous paraît profondément injuste car, pour qu'il y eût *eadem res* il ne suffisait pas que la question posée au juge fût identique; il était en outre nécessaire que les mêmes parties fussent en cause. Or, dans notre hypothèse, si la question était la même; elle ne se posait pas entre les mêmes personnes. Il n'y avait donc pas lieu ici d'appliquer la règle : *eadem res non potest bis in judicium deduci :* D'autre part, la *litis contestatio* ne produisait pas seulement un effet extinctif; elle opérait aussi une novation mais seulement entre les parties qui avaient pris part à la *litis contestatio*. Il était donc injuste d'étendre les effets extinctifs de la *litis contestatio* aux personnes qui ne devaient pas être liées par la nouvelle obligation née de la *litis contestatio*.

Tels étaient, au début, les principaux caractères de la fidéjussion. Ces différents caractères furent considérablement modifiés par trois bénéfices qui vinrent améliorer le sort des fidéjusseurs : les bénéfices de *discussion, de division et de cession d'actions*. Nous étudierons successivement ces bénéfices en commençant par le bénéfice de discussion qui devait être opposé avant tous les autres par le débiteur poursuivi.

BÉNÉFICE DE DISCUSSION

Le créancier pouvait, nous l'avons vu, poursuivre le fidéjusseur avant le débiteur principal. Mais, d'autre part, les Romains ne voyaient pas d'un bon œil les créanciers actionner les débiteurs accessoires avant d'avoir fait tout ce qui était en leur pouvoir pour obtenir paiement du débiteur lui-même. La conséquence de l'opposition entre le droit et l'opinion publique fut que l'on imagina divers procédés qui permirent au créancier d'agir d'abord contre le débiteur principal, sans perdre son action contre l'*adpromissor*. Ces différents procédés furent les précurseurs du bénéfice de discussion qui apparut beaucoup plus tard. Justinien nous signale un de ces procédés dans l'énumération des cas où le mandat était donné dans le double intérêt du mandant et du mandataire : « .... *si volente te agere cum eo ex fidejussoria causa tibi mandet ut cum reo agas periculo mandantis* ». Le fidéjusseur donnait mandat au créancier de poursuivre d'abord le débiteur principal. Si le *reus* payait sur cette poursuite, le créancier n'avait plus rien à réclamer au fidéjusseur. Supposons l'hypothèse inverse, le débiteur principal s'est trouvé dans l'impossibilité d'acquitter sa dette. L'action du créancier étant éteinte par la *litis contestatio* ; il ne pouvait plus évidemment agir contre le fidéjusseur, en tant que fidéjusseur. Mais, comme mandataire, il pouvait réclamer à l'*adpromissor*, qui lui avait donné ordre de poursuivre, une indemnité pour tout le préjudice résultant de l'exécution du mandat. Le fidéjusseur était donc tenu *ex causa mandati* de payer au créancier tout ce qu'il n'avait pu obtenir du débiteur principal

Une telle combinaison était, en même temps, avantageuse
pour l'*adpromissor*, qui n'était plus obligé de faire l'a-
vance du paiement, et pour le créancier qui pouvait agir
successivement contre ses deux débiteurs. Elle présentait, toutefois, cet inconvénient d'être subordonnée au
bon vouloir du créancier et de ne pouvoir être employée·
sans son consentement.

L'emploi des autres procédés, au contraire, ne dépendait plus de la volonté du créancier. Lorsqu'une dette
était garantie, à la fois, par un fidéjusseur et par un gage
ou toute autre sûreté réelle, il pouvait être convenu, au
moment du contrat, que le fidéjusseur s'obligerait seulement pour le cas où la vente du gage ne suffirait pas à
éteindre la dette. Le créancier devait, d'abord, suivre
toute la procédure jusqu'à la vente de la chose engagée.
C'était seulement, si cette vente ne suffisait pas au paiement de la dette, qu'il pouvait agir contre l'*adpromissor*.
Une question pouvait se poser au sujet de l'étendue de
l'obligation du fidéjusseur. Etait-il tenu pour le montant total de la dette ou, seulement, pour la différence
qu'il pouvait y avoir entre ce montant et le produit de
la vente du gage? Il serait inexact de dire que l'*adpromissor* était tenu pour le tout et l'on commettrait également une erreur, en disant qu'il était tenu pour la différence existant entre le montant de la dette et le prix de
la vente. Supposons, en effet, que l'objet donné en gage
vînt à être perdu, la vente ne pouvait avoir lieu mais
le fidéjusseur n'était pas libéré pour cela. Il serait donc

plus exact de répondre avec Scœvola que le fidéjusseur
était tenu pour toute la portion de la dette qui n'était
pas couverte par la vente du gage : « *in id quod minus ex
pignoribus venditis redditum esset* » (Dig., liv. XLVI,
tit. 1, loi 63).

Un troisième moyen était employé pour permettre au
créancier de poursuivre successivement le débiteur
principal et le débiteur accessoire. Ce moyen nous est
indiqué par les commentateurs sous le nom de *fide-
iussio indemnitatis*. Cette forme toute spéciale de la *fidejussio* se distinguait d'abord de la *fidejussio* ordinaire
par la formule employée. Le créancier remplaçait ces
mots : *Idem fidejubes-ne ?* par les termes suivants.
« *Quanto minus a Titio consecutus fuero, tantum dare
spondes* » ? Il se servait aussi de cette formule : *Indem-
nem me præstabis.* Ce fut précisément l'emploi fréquent
de cette dernière forme d'interrogation qui fut l'origine du nom de *fidejussio indemnitatis* donné par les
commentateurs à la fidéjussion qui nous occupe. L'obligation qui résultait, pour le fidéjusseur, d'une telle stipulation était, en quelque sorte, une obligation conditionnelle dont l'existence dépendait de la solvabilité du
débiteur principal. Quand celui-ci payait, sur la poursuite du créancier, la condition, de laquelle dépendait
l'existence de l'obligation du fidéjusseur, n'étant pas
réalisée, celui-ci était censé n'avoir jamais été obligé. Il
serait même inexact de dire que le fidéjusseur était libéré, car, toute libération suppose une obligation et, ici,

il n'y avait même pas d'obligation. Le débiteur principal était-il dans l'impossibilité d'acquitter sa dette, ou ne pouvait-il en payer qu'une partie, le créancier pouvait agir contre le fidéjusseur sans que celui-ci pût lui opposer l'exception *litis in judicium deductæ*. Le débiteur principal et son garant n'étaient pas tenus, en effet, de la même obligation. Le premier devenait immédiatement débiteur du total de la dette, tandis que le fidéjusseur était seulement obligé au paiement de ce que le créancier n'aurait pu obtenir du débiteur principal : « *Non enim sunt duo rei Mævius et Titius ejusdem obligationis, sed Mævius sub conditione debet, si a Titio exigi non poterit* » (Papinien, Dig., liv. XLV, tit. 1, loi 116). La *fidejussio indemnitatis* produisait donc ce double effet de permettre à l'*adpromissor* de n'être poursuivi qu'après la discussion du débiteur principal et de donner au créancier le droit de poursuivre successivement le débiteur principal et son *adpromissor*.

Cependant, d'après certains auteurs, parmi lesquels nous pouvons citer Celsus, la *fidejussio* aurait seulement produit ce dernier résultat. Celsus était d'avis que le créancier pouvait poursuivre le fidéjusseur avant le débiteur principal. Le garant devait alors être condamné à payer tout ce que le débiteur principal n'eût pas pu payer au moment de la *litis contestatio*. On conçoit facilement les inconvénients d'un tel système, qui exigeait l'estimation des biens du débiteur principal au moment de la *litis contestatio* avec l'*adpromissor*. Aussi, ne tarda-t-il-pas-à être abandonné et il fut définitivement admis que le créancier devrait agir, d'abord, contre le *reus*. On admit, plus tard, que la *fidejussio indemnitatis* rendrait le créancier responsable, envers l'*adpromissor*, de ses négligences vis-à-vis du débiteur principal. Modestin (Dig., liv. XLVI, tit. 1, loi 41, pr.) fait une application particulière de ce principe à propos des *adpromissores* reçus en-garantie de la curatelle d'un-pubère mineur de 25 ans. Il était impossible au pupille d'intenter aucune action contre son curateur, tant qu'il n'avait pas atteint l'âge de 25 ans. Mais Modestin suppose que, par négligence, l'ancien pupille n'agit pas lorsqu'il est arrivé à la *legitima ætas* et il lui refuse tout recours contre les fidéjusseurs, si son curateur devient plus tard insolvable. Généralisant cet exemple, nous dirons que les *fidejussores indemnitatis* étaient libérés toutes les fois que le créancier avait laissé le débiteur principal devenir insolvable, sans user des actions qui lui étaient données contre lui.

La stipulation *rem pupilli salvam fore* présentait au droit commun une dérogation analogue à celle qui résultait de la *fidejussio indemnitatis*. Le pupille qui n'avait pu se faire payer par son tuteur, pouvait agir ensuite contre les fidéjusseurs sans avoir à redouter les conséquences de l'effet extinctif de la *litis contestatio*. Un texte d'Alexandre Sévère (Code, Liv. V, tit. 57, loi 2) ne laisse aucun doute sur l'existence de cette dérogation. Mais les auteurs se demandent s'il faut assimiler complètement la *stipulatio rem pupilli salvam fore* à la *fi-dejussio indemnitatis* ou si cette stipulation constituait un nouveau procédé, précurseur du bénéfice de dis-cussion. Pour les partisans de cette dernière opinion, les autres conséquences de la *fidejussio indemnitatis* ne se retrouvaient plus dans la stipulation *rem pupilli sal-vam fore*. Le fidéjusseur ne pouvait exiger que le dé-biteur principal fût poursuivi avant lui et il ne lui était pas permis de se prévaloir des négligences du créancier. Aucun texte ne permettant d'élucider cette question, il vaut mieux s'en tenir au texte d'Alexandre Sévère qui semble ne voir dans la *cautio rem pupilli salvam fore* qu'une variante de l'*adpromissor indemnitatis,* variante accommodée pour l'usage des pupilles.

L'emploi de ces différents procédés devint inutile lorsque Justinien, dans sa Novelle IV, (année 535) eût donné aux fidéjusseurs le bénéfice de discussion.

En vertu de cette disposition de Justinien, le créancier qui avait reçu un débiteur principal et des débiteurs accessoires pouvait être forcé de poursuivre et discuter d'abord le débiteur principal.

Le bénéfice de discussion procurait un double avan-tage à la caution. Le fidéjusseur, en opposant ce béné-fice, était toujours certain d'obtenir un délai pour l'exé-cution de son obligation et acquérait même la chance de n'avoir à faire aucune avance si le débiteur principal était solvable.

En donnant ce bénéfice aux fidéjusseurs, Justinien as-

sure qu'il ne fait que remettre en vigueur une loi ancienne tombée en désuétude et dont il s'est contenté de
modifier quelques dispositions peu satisfaisantes. Mais
on n'a pu retrouver aucune trace de la loi à laquelle Justinien fait allusion. Les interprètes du droit romain se
demandent, en outre, comment cette loi, en admettant
qu'elle fût connue, pouvait se concilier avec l'effet extinctif de la *litis contestatio*. De nombreuses explications
ont été proposées, pour résoudre ces difficiles questions.
Les uns pensent que Justinien fait simplement allusion
à la *fidejussio indemnitatis*. En adoptant une telle opinion, on évite toutes les difficultés de la règle *Non bis
in eodem* qui, nous l'avons vu, ne s'appliquait pas à la
fidejussio indemnitatis. Il est peu probable cependant,
que Justinien ait eu en vue la *fidejussio indemnitatis*.
Il nous parle d'une loi qui avait cessé de s'appliquer ; or
la *fidejussio indemnitatis* avait continué d'être en usage,
jusqu'à l'époque du Bas-Empire. Justinien nous dit, en
outre, que la disposition dont il parle résultait d'une
loi. On sait, au contraire, que la *fidejussio indemnitatis*
était simplement un procédé pratique qui n'avait été
créé par aucune loi.

On a soutenu que Justinien s'était inspiré du texte
suivant des empereurs Dioclétien et Maximien : « *Non
prius ad eos qui debitoribus fisci nostri sunt obligati actionem fiscalem extendi oportere nisi patuerit principales
reos idoneus non esse certissimi juris est* » (Code L. IV,
tit. 15). Les partisans de cette opinion voient, dans

le texte précité, un véritable bénéfice de discussion accordé à ceux qui s'étaient engagés pour les débiteurs du fisc et pensent que Justinien s'est contenté, dans la Novelle IV, d'étendre à tous les fidéjusseurs une faveur jusque-là réservée seulement à quelques-uns d'entre eux. Cette doctrine présenterait cette particularité que les cautions du fisc auraient été moins rigoureusement traités que les fidéjusseurs ordinaires. Nous savons, au contraire, que le fisc romain poursuivait avec la plus grande rigueur tous ceux dont il était créancier. Si, d'un autre côté, on examine les termes même du texte-invoqué, il est facile de se rendre compte que les auteurs, qui veulent y voir un argument en faveur de leur opinion, commettent un véritable contre-sens. Ils traduisent, en effet, *qui debitoribus fisci nostri sunt obligati* par « ceux qui sont obligés pour les débiteurs du fisc ». Ces mots doivent, au contraire, s'expliquer ainsi : « ceux qui sont obligés envers les débiteurs du fisc. »

Il faut donc rechercher ailleurs l'origine du bénéfice de discussion qui remonte, peut-être, à une loi antérieure au système formulaire et datant, par conséquent, d'une époque où l'effet extinctif de la *litis contestatio* ne se produisait pas encore.

En admettant même qu'une semblable loi ait pu exister, elle n'en devait pas moins présenter d'immenses lacunes et de grandes différences avec le bénéfice de discussion, tel qu'il fut établi par Justinien. On ne peut donc voir, dans cette loi, un véritable précédent du bénéfice de discussion dont Justinien fut bien réellement le législateur.

Mais, avant d'accorder aux fidéjusseurs le bénéfice de discussion, il importait de supprimer la règle : *Non bis in eadem re*. Si le droit romain n'avait pas été modifié sur ce point, il eut été inutile au créancier de recevoir des fidéjusseurs, car il n'aurait jamais pu les poursuivre, après avoir agi contre le débiteur principal. On avait déjà essayé de remédier aux effets si nuisibles de la *litis contestatio*. Ce résultat était obtenu, en insérant dans les écrits qui constataient les obligations des *adpromissores*, un pacte adjoint, aux termes duquel, les poursuites du créancier contre l'un des obligés ne paralysaient pas ses droits contre les autres, jusqu'à ce qu'il ait obtenu complète satisfaction. Justinien décida qu'il serait inutile d'adjoindre aucun pacte à la stipulation et permit aux créanciers de poursuivre successivement les débiteurs principaux et leurs garants, jusqu'à ce qu'ils fussent complètement désintéressés. Ce fut seulement, après cette première réforme, que l'empereur permît aux fidéjusseurs d'opposer le bénéfice de discussion.

Les fidéjusseurs ne pouvaient opposer ce bénéfice en tout état de cause. Il fallait, pour qu'ils eussent ce droit, la réunion de certaines conditions. Ces conditions variaient suivant que le débiteur principal était présent ou absent. Le débiteur principal était-il présent, il suffisait au fidéjusseur d'opposer à l'action du créancier une exception basée sur le bénéfice de discussion. La situation devenait plus compliquée, au cas d'absence du débiteur principal. La procédure par défaut n'existant pas en Droit romain, exiger du créancier qu'il poursuivît d'abord le débiteur principal c'eût été lui refuser toute action contre le fidéjusseur.

Aussi, quand le débiteur principal était absent, Justinien ne permit pas à la caution d'opposer l'exception dont nous venons de parler. Il accorda seulement aux *adpromissores* le droit de demander un délai pour mettre en cause le débiteur principal. A l'expiration de ce délai, si le *reus* n'avait pas reparu, ses garants devaient acquitter la dette.

Ces avantages du bénéfice de discussion n'existaient pas pour tous les fidéjusseurs, car Justinien refusait aux *argentarii* le droit d'opposer ce bénéfice. Les *argentarii* étaient l'objet d'une profonde antipathie, à cause des conditions onéreuses qu'ils imposaient à leurs débiteurs. Justinien voulut donner satisfaction à l'opinion publique, en leur refusant un privilège accordé aux autres fidéjusseurs. Cette exception de la Novelle IV ne fut pas accueillie sans récriminations par les *argentarii*. Ils se plaignirent vivement de ne pouvoir invoquer, comme cautions, le bénéfice de discussion dont tout le monde se servait contre eux, quand ils étaient créanciers. Mais Justinien ne revint pas sur sa décision et les *argentarii* ne furent pas admis à profiter de ce moyen de défense. L'empereur leur permit toutefois, dans la Novelle 136, d'exiger de leurs débiteurs la renonciation au bénéfice de discussion. Ce bénéfice était également refusé aux *adpromissores in rem suam* dont la situation était moins intéressante puisqu'ils avaient agi dans leur propre intérêt. En dehors de ces cas exceptionnels, tous les fidéjusseurs pouvaient exiger la discussion préalable du débiteur principal.

Nous avons vu plus haut que le *fidejussor indemnitatis* se trouvait libéré si le créancier avait laissé le débiteur principal devenir insolvable sans intenter de poursuites contre lui. Le fidéjusseur ordinaire ne pouvait opposer une exception basée sur des motifs semblables, car le créancier était absolument libre de poursuivre l'un ou l'autre de ses débiteurs. Lorsque Justinien eût accordé aux fidéjusseurs le bénéfice de discussion, on se demanda quelle serait désormais la responsabilité du créancier. Devrait-on suivre la règle spéciale de la *fidejussio indemnitatis* ou suivrait-on les principes ordinaires ? Rien, dans la Novelle IV, ne fait présumer que Justinien ait voulu trancher cette question. Il paraît plus conforme à ses intentions de laisser subsister l'ancienne règle et de décider que le fidéjusseur ne pouvait reprocher au créancier sa négligence envers le débiteur principal.

BÉNÉFICE DE DIVISION.

La loi Furia, nous l'avons dit, divisait de plein droit la dette garantie entre les divers *sponsores* et *fidepro-*

missores qui étaient vivants au jour de l'échéance. Mais les fidéjusseurs qui n'existaient pas encore, lorsque fut édictée la loi Furia ne pouvaient profiter des avantages créés par cette loi. L'empereur Adrien remédia à cette lacune, en accordant aux fidéjusseurs, le bénéfice de division dont nous verrons la supériorité sur la *divisio ex lege Furia*. Ce bénéfice est également connu sous le nom de *bénéfice d'Adrien* bien que certains auteurs attribuent à Antonin le Pieux le rescrit par lequel il fut établi. Les divers arguments invoqués par les partisans de cette opinion paraissent insuffisants pour la justifier, car les anciens jurisconsultes romains s'accordaient à voir, dans le bénéfice de division, l'œuvre d'Adrien. Gaius et, après lui Justinien, nous disent eux-mêmes que le bénéfice de division fût créé par l'*epistola divi Hadriani*. Il existe, à la vérité, un rescrit d'Antonin le Pieux au sujet du bénéfice de division mais ce rescrit eut probablement pour but de régler quelques questions accessoires omises par Adrien.

Quant à l'esprit du rescrit d'Adrien, il est tout à fait différent de celui de la loi Furia. Cette loi, nous l'avons vu, avait pour objet de couper le crédit aux emprunteurs pour empêcher la dilapidation des grandes fortunes romaines. Adrien, au contraire, voulait seulement améliorer la situation des fidéjusseurs, sans porter atteinte aux droits des créanciers. Les différences que nous allons constater entre ces deux bénéfices sont le résultat de la diversité des idées qui les ont inspirés.

Comme nous l'avons vu, la loi Furia divisait la dette entre tous les *sponsores*, solvables ou non, qui existaient au jour de l'échéance. Cette division qui avait lieu de plein droit avait pour conséquence de faire encourir la *plus petitio* au créancier qui aurait poursuivi un *sponsor*, pour la totalité. La loi Furia présentait, d'autre part, cet inconvénient de faire supporter au créancier l'insolvabilité de l'un ou de quelques-uns des *sponsores*. Le bénéfice d'Adrien, au contraire, permettait seulement au fidéjusseur poursuivi pour le tout, de faire insérer dans la formule une exception. Cette exception avait pour effet de faire réduire la condamnation à une part de la dette proportionnelle au nombre des fidéjusseurs solvables au jour de la *litis contestatio*. Il en résultait que l'insolvabilité d'un ou de plusieurs fidéjusseurs, existant au moment de la première poursuite, rejaillissait sur le fidéjusseur poursuivi, tandis que les insolvabilités, survenùes postérieurement à la poursuite, restaient à la charge du créancier coupable de négligence.

Le bénéfice de division appartenait à tous les cofidéjusseurs, mais il n'était accordé qu'à eux seuls. Or, pour être qualifiés de cofidéjusseurs, il se suffisait pas que des débiteurs eussent garanti une même dette ; il était en outre nécessaire qu'ils ne fussent engagés en garantie d'une même personne *pro eodem*. Le Digeste et les Institutes fournissent de nombreuses applications de cette règle. Nous trouvons, au Digeste, (Liv. XLVI, tit.1, loi 51, § 2) une espèce prévue par Papinien. Il s'agit de deux débiteurs corréaux qui ont, l'un et l'autre, fourni des fidéjusseurs au créancier. Le créancier, n'ayant pu obtenir son paiement des débiteurs corréaux, agit contre l'un des fidéjusseurs. Celui-ci aura le droit de réclamer la division de la dette, entre lui et les fidéjusseurs fournis par le même débiteur, mais non pas entre lui et les fidéjusseurs fournis pas l'autre débiteur. En effet, n'étant pas engagés *pro eodem* ils ne sont pas *cofidéjusseurs*. Cependant, ajoute Papinien, le créancier restait libre de diviser son action entre tous les fidéjusseurs, de même qu'il lui était permis de poursuivre chacun des débiteurs corréaux pour une partie de la dette : « *planē si vellet actionem suam inter omnes dividere, non sit prohibendus non magis quam si duos reos pro partibus conveniret* » (Liv. XLVI, tit. 1, loi 51 § 2).

Supposons maintenant qu'un fidéjusseur vînt à mourir, laissant plusieurs héritiers. Ceux-ci n'étaient pas des cofidéjusseurs ; si la dette se divisait entre eux, ce n'était pas en vertu du bénéfice d'Adrien. Après la mort du *de cujus*, le passif de sa succession était, comme l'actif, divisé et réparti entre ses héritiers. Chacun d'eux n'était donc obligé qu'au paiement de sa part et le créancier aurait commis une *plus petitio* en poursuivant l'un des héritiers pour le tout. Il se pouvait, cependant, que le fidéjusseur défunt ait eu des cofidéjusseurs, entre lesquels, il aurait pu invoquer le bénéfice de division. Ses héritiers conservaient le même droit, car ils le représentaient, chacun pour leur part. Lorsque le créancier les poursuivait, pour cette part, ils pouvaient lui opposer le bénéfice de division. S'il n'en avait pas été ainsi, l'obligation des héritiers du fidéjusseur défunt serait devenue plus rigoureuse que celle de leur auteur. Les autres garants pouvaient, de même, sur la poursuite du créancier, réclamer le bénéfice de division contre les héritiers de leur co-fidéjusseur. La mort de celui-ci, en effet, laissait subsister leur qualité de co-fidéjusseurs et cette qualité suffisait pour leur donner droit au bénéfice de division.

Le fait, pour les fidéjusseurs, de s'être engagés, sous des modalités différentes, ne suffisait pas à leur enlever le bénéfice de division. Ulpien nous fixe sur les effets produits par le bénéfice de division quand l'un des fidéjusseurs s'était engagé purement et simplement, tandis que l'autre avait promis *in diem* ou *sub conditione*. Jusqu'à l'avènement de la condition où à l'arrivée du terme, le fidéjusseur, dont l'obligation était pure et simple, pouvait opposer le bénéfice de division, car on pouvait supposer que ses cofidéjusseurs seraient solvables, quand le créancier aurait le droit d'agir contre eux. Si, au moment de l'arrivée de la condition, celui qui s'était engagé conditionnellement se trouvait incapable de payer, le créancier pouvait réclamer à l'autre fidéjusseur le complément de ce qui lui était dû : « *Si, cum conditio exstitit non est solvendo qui sub conditione acceptus est, restituendam actionem in pure acceptum Pomponius scribit* » (Ulpien, Dig., liv. XLVI, tit. 1, loi 27, pr.)

Bien que le bénéfice de division fût, en principe, accordé à tous les fidéjusseurs, le droit de l'invoquer était exceptionnellement refusé à certains d'entre eux. La perte du bénéfice de division était infligé au fidéjusseur qui avait nié son engagement. Le bénéfice de division, ayant été établi dans un but de protection pour les fidéjusseurs, ne pouvait être étendu à des débiteurs de mauvaise foi. « *Inficiantibus auxilium divisionis non est indulgendum* ».

Cette déchéance s'appliquait à tous les fidéjusseurs de mauvaise foi. D'autres débiteurs accessoires étaient spécialement exclus du bénéfice de division. Nous faisons ici allusion aux fidéjusseurs fournis par un tuteur à son pupille, pour assurer la reddition des comptes de tutelle. Le pupille, nous dit Papinien, ne pouvait être contraint d'intenter plusieurs poursuites mais devait pouvoir poursuivre un seul des fidéjusseurs pour le tout. On accordait, par compensation, au fidéjusseur poursuivi le droit d'exiger du pupille la cession de ses actions contre les autres cofidéjusseurs. Papinien explique cette défaveur en disant que les pupilles, n'ayant pas choisi leurs tuteurs ni agréé les fidéjusseurs par eux présentés, devaient avoir une garantie plus complète que les autres créanciers. En refusant aux fidéjusseurs des tuteurs le bénéfice de division, on évitait également qu'une seule et même tutelle ne fût la source de plusieurs poursuites devant des tribunaux différents : « *ne ex una tutelæ causa plures ac variæ quæstiones apud diversos judices constituerentur* » (Papinien, Dig., liv. XLVI, tit. 6, loi 12). Il résulte clairement de ce texte que le bénéfice de division était refusé aux fidéjusseurs d'un tuteur ; certains auteurs ont cru, cependant, trouver une contradiction dans un autre texte du même auteur (Dig., liv. XXVII, tit. 7, loi 7). « *Si fidejussores qui rem solvam fore pupillo caverant, tutorem adolescens ut conveniret petierant atque id eo stipulanti promiserunt se reddituros quod ab eo servari non potuisset : placuit inter eos qui solvendo essent actionem residui dividi quod onus fidejussorum susceptum videretur ; nam etsi mandato plurium pecunia credatur, æque dividitur actio : si enim quod datum pro alio solvitur, cur species actionis æquitatem divisionis excludit* ». Papinien, après avoir refusé, comme nous l'avons vu, le bénéfice de division aux fidéjusseurs *rem pupilli salvam fore* semble le leur accorder, dans le texte que nous venons de transcrire. Mais, si l'on examine attentivement les termes de ce texte, il est facile de se rendre compte que les fidéjusseurs fournis au pupille invoquent le bénéfice de division comme mandants, et non, en qualité de co-fidéjusseurs. Les espèces prévues par Papinien dans ces textes n'étant pas les mêmes, il n'est pas étonnant que ce jurisconsulte leur donne des solutions toutes différentes et la contradiction signalée par certains auteurs n'existe véritablement pas.

Le bénéfice de division étant une faveur accordée aux fidéjusseurs, rien ne les obligeait à en profiter et leur renonciation était parfaitement valable. Cette renoncia-

tion pouvait être expresse, ou résulter de certaines circonstances qui avaient accompagné l'engagement de la
caution. Supposons, par exemple, qu'un fidéjusseur ait
garanti une dette, pour laquelle une femme s'était engagée, malgré l'interdiction du sénatus-consulte Velléien.
La femme échappait naturellement à toute poursuite
mais son co-fidéjusseur devait acquitter la totalité de la
dette sans pouvoir opposer le bénéfice de division pour
sa part. En effet, le fidéjusseur était inexcusable de n'a-
voir pas connu le sénatus-consulte Velléien et, s'il l'avait
connu, il devait s'attendre à la nullité de l'engagement de
la femme. Il devait donc, dans les deux cas, supporter
les conséquences de l'engagement qu'il a contracté.

Papinien nous cite encore une autre hypothèse où le
bénéfice de division était refusé à un garant, à cause de
l'incapacité de son co-fidéjusseur. Cet auteur suppose
une dette garantie par deux fidéjusseurs dont l'un était
mineur de 25 ans. Le mineur pouvait, s'il se trouvait lésé,
demander au magistrat la *restitutio in integrum*. Dans le
cas où il obtenait cette *in integrum restitutio*, on pouvait
se demander quelle était la situation de son fidéjusseur.
C'était précisément à cette question que répondait le jurisconsulte Papinien en faisant les distinctions suivantes. Le fidéjusseur, était-il engagé avant le mineur ?
Étant le seul garant, il n'avait pu espérer se décharger
d'une partie de l'obligation, en invoquant contre un autre
fidéjusseur le bénéfice de division. On pouvait donc,
sans commettre une injustice, lui refuser ce bénéfice,

si son cofidéjusseur obtenait *l'in integrum restitutio*. Papinien accordait le bénéfice de division au fidéjusseur qui s'était engagé postérieurement au pupille dont l'obligation avait été rescindée. Il avait pu, en effet, ignorer l'âge de son co-fidéjusseur et, même s'il le connaissait, il n'avait, peut-être, pas cru à la possibilité d'une *in integrum restitutio* que les magistrats accordaient très difficilement. Le fidéjusseur qui s'était engagé avant le pupille, était, lui-même, admis au bénéfice de division, s'il parvenait à prouver que l'engagement du mineur était le résultat des manœuvres dolosives du créancier.

En dehors des cas exceptionnels que nous venons de citer, le bénéfice de division était accordé à tous les fidéjusseurs. Il fallait, toutefois, pour que ceux-ci aient le droit de l'invoquer, la réunion de certaines conditions. De ces conditions, la première était la solvabilité de tous les co-fidéjusseurs entre lesquels devait s'opérer la division de la dette. Cette solvabilité devait exister au moment de la *litis contestatio* survenue entre le créancier et le fidéjusseur qu'il a choisi et poursuivi. La division ne pouvait s'opérer qu'entre ceux qui se trouvaient à ce moment en situation d'acquitter leur part dans la dette.

Nous avons vu plus haut que le bénéfice de division n'avait pas lieu de plein droit, mais devait être réclamé par les co-fidéjusseurs avant que le magistrat n'ait délivré la formule. C'était *in jure* et non *in judicio* que le bénéfice de division devait être demandé. Certains auteurs ont, cependant, soutenu que la division pouvait être réclamée, tant que le magistrat n'avait pas rendu sa sentence. A l'appui de leur opinion, ces auteurs nous citent un texte de l'empereur Alexandre, d'après lequel, il suffirait que le bénéfice de division fût demandé *ante condemnationem*. Mais ils entendent, par *condemnatio*, le jugement lui-même, tandis que l'empereur Alexandre fait allusion à une partie de la formule délivrée par le magistrat. Il résulte donc tout simplement de ce texte que la solvabilité des fidéjusseurs devait être appréciée avant la rédaction de la *condemnatio*. Nous ne devons pas nous en étonner, puisque les exceptions et tout ce qui s'y référait se plaçaient toujours, dans les formules, entre l'*intentio* et la *condemnatio*.

Lorsque le créancier et le fidéjusseur poursuivis se trouvaient devant le préteur, diverses hypothèses pouvaient se présenter, dans lesquelles le rôle de ce magistrat était tout différent. Si le créancier reconnaissait la solvabilité de tous les fidéjusseurs, ou, si le débiteur en faisait immédiatement la preuve, le préteur opérait lui-même la division de la dette et n'accordait d'action contre le défendeur que pour sa part. A partir de ce moment, l'obligation du fidéjusseur se trouvait définitivement fixée et ne pouvait être augmentée, si l'un ou plusieurs de ses co-fidéjusseurs devenaient plus tard insolvables. Les conséquences de cette insolvabilité étaient, désormais, à la charge du créancier qui, même s'il était mineur de 25 ans, ne pouvait obtenir la *restitutio in integrum*. En effet, cette *restitutio* supposait une lésion pour le créancier. Or, celui-ci n'avait pas été lésé puisqu'en divisant son action, il n'avait fait que suivre le droit commun « ..... *nec auxilio defenditur ætatis actor ; non enim deceptus videtur, jure communi usus* » Papinien (Dig. Liv. XLVI, tit. 1, loi 51, § 4). Nous retrouvons dans notre Code civil à l'article 2026 une application de la règle : « *Non capitur qui jus publicum sequitur.*

Lorsque les co-fidéjusseurs étaient devenus insolvables antérieurement à la *litis contestatio,* le créancier qui avait laissé le magistrat diviser la dette sans lui faire connaître cette insolvabilité devaient en supporter les conséquences. Sous ce rapport, les pupilles se trouvaient plus favorablement traités que les autres créanciers car la *restitutio in integrum* leur était accordée quand leurs tuteurs avaient laissé la division s'opérer entre des fidéjusseurs insolvables «' ..... *si divisam actionem inter eos qui non erant solvendo constabit : pupilli nomine restitutionis auxilium implorabitur* » (Papinien, Dig. Liv. XLVI, tit. 1, loi 52, § 1).

Supposons maintenant que le créancier et le fidéjusseur n'aient pu se mettre d'accord devant le magistrat sur la solvabilité des fidéjusseurs ; ce ne sera pas au préteur à trancher la question. Il devra délivrer au créancier une action pour la totalité de la dette et se contenter d'insérer, dans la formule de cette action, l'exception : *si non et illi solvendo sint.* Cette exception indiquait au juge que la condamnation devait être restreinte à la part virile du défendeur, si les autres fidéjusseurs étaient

solvables. La preuve de leur solvabilité incombait au
défendeur en vertu de ce principe que *reus in exceptione
fit actor*.

Lorsque tous les co-fidéjusseurs étaient présents, celui
d'entre eux auquel le créancier s'était adressé pouvait
se dispenser de prouver leur solvabilité, au moyen d'un
expédient qui nous est signalé par Ulpien. Le fidéjusseur poursuivi pouvait donner mandat au créancier de
poursuivre ses co-fidéjusseurs, chacun pour leur part.
Le créancier, en exécutant ce mandat, aurait couru le
risque de voir éteindre par l'effet de la *litis contestatio*
les droits dont il jouissait contre le fidéjusseur poursuivi
le premier. Pour éviter ce danger, celui-ci s'engageait
à prendre sur lui les risques des poursuites et fournissait au créancier des cautions pour garantir l'exécution
de son engagement. Lorsque, pour une raison quelconque, le fidéjusseur n'avait pas fait usage de cet expédient,
on devait appliquer les règles du droit commun. Si le
défendeur parvenait à prouver, devant le juge, que tous
ses co-fidéjusseur était solvables, le juge le condamnait
tout simplement au paiement de sa part, laissant au
créancier le soin de poursuivre, comme il l'entendrait,
le paiement du reste de sa dette. On s'est demandé comment le créancier pouvait encore poursuivre les autres
fidéjusseurs puisque la *litis contestatio*, intervenue entre
lui et le défendeur, avait libéré tous les autres obligés.
Nous ne sommes pas exactement fixés sur le moyen
employé par les Romains pour éviter ce résulat. Cepen-

dant, d'après l'avis de la plupart des auteurs, le créancier faisait insérer, dans la formule, une *præscriptio* par laquelle il limitait les effets de l'action à la part du défendeur, en laissant intacts ses droits sur les parts des autres co-fidéjusseurs.

Tels étaient les résultats de l'exception *si non et illi solvendo sint* et les avantages obtenus par le créancier qui opposait cette exception devant le magistrat. Quant au fidéjusseur qui, pour une raison quelconque, n'avait pu profiter du bénéfice de division, son unique ressource, à l'époque classique, était de réclamer au créancier le bénéfice de cession d'actions.

BÉNÉFICE DE CESSION D'ACTIONS.

Le bénéfice de cession d'actions était celui qui permettait au fidéjusseur de réclamer au créancier, qu'il désintéressait, la cession de ses actions contre le débiteur principal, contre les autres fidéjusseurs et contre les détenteurs des objets hypothéqués à la dette. Comme nous l'avons déjà fait remarquer, ce bénéfice existait antérieurement aux bénéfices de division et de discussion. Nous l'étudions cependant en dernier lieu car, c'est dans cet ordre, que les fidéjusseurs devaient opposer au créancier les divers bénéfices qui leur avaient été accordés. Julien est le plus ancien auteur qui ait parlé de ce bénéfice (Dig. Liv. XLVI, tit. 1, loi 17). Il est probable que le bénéfice de cession d'action existait bien avant l'époque où vivait ce jurisconsulte, mais l'on n'est pas plus fixé sur les origines de ce bénéfice que, sur le moment où il fut accordé aux fidéjusseurs. Nous devons toutefois remarquer que le *beneficium cedendarum actionum* ne pouvait être employé à l'époque des actions de la loi. Ce bénéfice nécessitait l'emploi de la *procuratio in rem suam* qui fut seulement mise en pratique, à l'époque de la procédure formulaire.

Le bénéfice de cession d'actions était fort avantageux pour le fidéjusseur, lorsque la créance était garantie par un gage ou une hypothèque. Le fidéjusseur qui payait cette dette dont il s'était porté le garant avait, il est vrai, un recours contre le débiteur principal pour obtenir son remboursement. Mais les actions, dont il disposait, qui étaient, comme nous le verrons, *l'actio mandati contraria* ou *l'actio negotiorum gestorum* n'étaient accompagnées d'aucune sureté particulière. L'efficacité de ce recours était, au contraire, assurée au fidéjusseur qui invoquait le bénéfice de cession d'actions. Il obtenait, en effet, par la cession des actions du créancier tous les droits de gage et d'hypothèque qui appartenaient à celui-ci.

Si l'on suppose une créance qui n'était accompagnée d'aucune sureté réelle, le fidéjusseur avait encore intérêt à opposer au créancier le bénéfice de cession d'action lorsque le paiement de la dette avait été garanti par plusieurs fidéjusseurs. Le fidéjusseur, qui payait la totalité de la dette, ne disposait d'aucune action contre ses co-fidéjusseurs, pour se faire restituer ce qu'il avait payé, en plus de sa part virile.

La loi Apuleia avait bien accordé aux *sponsores* et *fide-promissores* l'action *pro socio* ; mais les dispositions de cette loi ne s'appliquaient pas aux *fidejussores*. L'action *mandati* ne pouvait, non plus, être intentée par le garant contre ses co-fidéjuseurs dont il n'avait reçu aucun mandat exprès ou tacite. Le fidéjusseur n'avait donc, de son chef, aucune action récursoire contre les autres garants, mais, en se faisant céder les actions du créancier, il acquérait les mêmes droits que celui-ci et pouvait, par conséquent, poursuivre ses co-fidéjusseurs.

Reste à savoir, dans quelle mesure, il était permis au fidéjusseur d'agir contre ces derniers. Pouvait-il demander la totalité de la dette moins sa propre part ou, devait-il réclamer seulement, à chacun de ses collègues, leur part virile ? Cette solution paraît la meilleure. En effet, le créancier qui poursuivait un fidéjusseur *in solidum* se voyait immédiatement opposer par celui-ci le bénéfice de division ; il ne pouvait donc, en réalité, réclamer à chacun des garants que sa part dans la dette. Or, le fidéjusseur ayant des droits semblables à ceux du créancier qui lui avait cédé ses actions, devait poursuivre ses co-fidéjusseurs, dans la même mesure, et ne pouvait, par conséquent, rien exiger au delà de leur part virile. Remarquons toutefois que, si l'un d'eux était insolvable, les conséquences de cette insolvabilité devaient être supportées par tous les fidéjusseurs et non pas seulement par celui qui avait fait l'avance du paiement.

Les textes ne nous parlent pas de l'utilité que présentait le bénéfice de cession d'actions quand il s'agissait d'une simple dette chirographaire qui était garantie par un seul fidéjusseur. Il y avait néanmoins des hypothèses où le fidéjusseur avait tout intérêt à opposer ce bénéfice. Nous citerons, d'abord, le cas où l'action du créancier était privilégiée. En se faisant céder cette action, le fidéjusseur acquérait, sur les autres débiteurs du *reus*, un droit de préférence que ne lui aurait pas assuré les voies ordinaires de recours. Le créancier pouvait également disposer d'une de ces actions *quæ crescunt in duplum adversus inficiantem*. La cession de cette action procurait au fidéjusseur l'avantage d'obtenir une condamnation au double si le débiteur commettait une *inficiatio in jure*. En dehors de ces hypothèses, le bénéfice de cession d'actions ne présentait aucun intérêt, pour le fidéjusseur, quand il n'y avait, ni plusieurs co-fidéjusseurs, ni gage, ni hypothèque.

Pour pouvoir profiter des avantages qui résultaient du bénéfice de cession d'actions, le fidéjusseur devait remplir certaines conditions. Cette cession, n'ayant pas lieu de plein droit, devait être demandée par le fidéjusseur et celui-ci était tenu de payer au créancier le montant intégral de sa dette. Le moment où le paiement devait être effectué n'était pas indifférent : le fidéjusseur devait avoir soin de n'acquitter la dette qu'après avoir obtenu, du créancier, la cession de ses actions ou, tout au moins, la promesse de cette cession. S'il agissait autrement, les droits dont pouvait disposer le créancier, se trouvaient éteints par l'effet du paiement et toute cession devenait, dès lors, impossible.

Cet effet ne se produisait pas lorsque la cession des actions avait eu lieu antérieurement au paiement car le paiement, effectué dans ces conditions, ne pouvait pas être considéré, comme une extinction de la dette entraînant la libération de tous les obligés, mais, comme une vente de la créance, comportant le transfert de toutes les actions qui en résultaient entre les mains du fidéjusseur. Pour opérer cette cession, on se servait de la *procuratio in rem suam* c'est-à-dire que le fidéjusseur poursuivait les autres débiteurs, sur l'ordre du créancier, mais était dispensé de lui rendre compte de l'exécution de ce mandat.

Le fidéjusseur pouvait également payer, sans craindre de perdre ses droits sur les actions du créancier, lorsque celui-ci s'était engagé à les lui céder. Nous trouvons, en effet, dans la convention intervenue entre le fidéjusseur et le créancier, tous les caractères d'un contrat de vente. Or, comme ce contrat se formait par le seul effet du consentement des parties, l'engagement du créancier produisait les mêmes résultats que la cession des actions elles-mêmes. Pour exécuter plus tard sa promesse, le créancier se contentait de demander au fidéjusseur les diverses actions dont il disposait avec les garanties qui en assuraient l'efficacité.

Nous avons, jusqu'ici, supposé un paiement amiable mais, un dissentiment survenu entre le fidéjusseur et le créancier pouvaient nécessiter l'intervention de la justice. Les parties devaient, d'abord, se présenter devant le magistrat pour obtenir leur renvoi devant le juge. Ce renvoi était cependant inutile, si les parties se mettaient d'accord *in jure*. Le fidéjusseur payait alors le montant total de la dette garantie au créancier qui lui cédait ses actions en échange. Cette hypothèse ne présentait, par conséquent, aucune difficulté. Quand, au contraire, le créancier persistait à refuser, pour une raison quelconque, les offres de paiement faites par le fidéjusseur, deux partis pouvaient être pris par le préteur. Ce magistrat jugeait-il que le refus du créancier était injuste, il ne lui accordait pas d'action contre le fidéjusseur. S'il était d'avis que le litige devait être examiné avec plus de soin, il renvoyait les parties devant le juge. Mais il avait soin d'insérer, dans la formule délivrée aux parties, une exception de dol destinée à assurer *in judicio* le droit du fidéjusseur au bénéfice de cession d'actions.

Sur la décision du juge chargé par le magistrat de trancher le différend, le fidéjusseur pouvait se trouver condamné à payer mais il lui restait le droit de réclamer au créancier la cession de ses actions. Cette opération était toujours réalisable, lorsque la dette était garantie par des droits de gage ou d'hypothèque. Le créancier pouvait céder au fidéjusseur les actions réelles dont il disposait car, elles n'avaient pas été éteintes par l'action dirigée contre les fidéjusseurs. Mais il n'en était pas de même des actions personnelles du créancier. La *litis contestatio*, intervenue entre lui et le fidéjusseur, ayant eu pour effet d'éteindre toutes les actions personnelles dont il pouvait disposer, il lui était impossible de les céder. Aussi, comprend-t-on difficilement de quelle utilité pouvait être, pour le fidéjusseur, l'exception de dol insérée dans la formule, lorsque le créancier n'avait, pour toute garantie, que des sûretés personnelles.

Il est probable que cette difficulté, comme d'autres que nous avons déjà signalées, était résolue, par les jurisconsultes romains au moyen d'un procédé pratique qui nous est inconnu. D'après certains auteurs, le magistrat, avant de délivrer la formule, exigeait du créancier la cession de ses actions au fidéjusseur. Mais, c'était une cession conditionnelle, subordonnée au paiement, par le fidéjusseur, du montant de la condamnation que le juge prononcerait plus tard contre lui. Les actions ne pouvaient ainsi être éteintes, par l'effet de la *litis contestatio*, puisque la cession en avait été opérée *ante litem contestatam*. L'exception de dol ne pouvait procurer aucun avantage nouveau au créancier, quand il était possible d'user de cet expédient, mais elle devenait très utile, lorsque le créancier en avait rendu, par son refus, l'emploi impossible. L'*exceptio doli mali*, reconnue fondée par le juge, avait alors, pour effet, de faire absoudre le fidéjusseur. Cette décision était parfaitement justifiée, puisque le créancier s'était mis, par sa faute, dans l'impossibilité de céder au fidéjusseur les actions qui lui appartenaient.

En dehors de cette dernière hypothèse, le fidéjusseur restait tenu d'exécuter son obligation même, lorsque le créancier s'était mis dans l'impossibilité d'opérer une cession d'actions efficace. La fidéjussion, en effet, était un contrat unilatéral et de droit strict, dans lequel le fidéjusseur était seul obligé. Le créancier ne contractait aucune obligation et n'était pas tenu de conserver les actions dont il disposait pour les céder au fidéjusseur. Nous trouvons une application de ce principe, dans un texte des empereurs Dioclétien et Maximien : « *Pignoribus datis a reo principali distractis nec post longi temporis intervallum residuum a fidejussore creditor petere prohibitur* ». (Code, liv. VIII, tit. 41, loi 25). On supposait dans ce texte, que le débiteur principal avait vendu, sans que le créancier s'y fût opposé, les objets hypothéqués pour la garantie de la dette. Si le créancier négligeait de faire reconnaître par le nouvel acquéreur les droits réels qu'il possédait sur l'objet aliéné, ces droits se trouvaient éteints, au bout d'un certain nombre d'années par l'effet de la *præscriptio longi temporis*. La perte de ses actions hypothécaires n'empêchait cependant pas le créancier de poursuivre le fidéjusseur qui restait tenu d'exécuter son obligation.

Prenons une autre espèce : le débiteur principal avait fourni deux fidéjusseurs à son créancier. Celui-ci faisait avec le premier fidéjusseur, un pacte de *non petendo* et réclamait ensuite au second la totalité de la dette. Le fidéjusseur ainsi poursuivi ne pouvait refuser de payer, bien que le pacte de *non petendo*, intervenu entre le créancier et son co-fidéjusseur, ait eu pour résultat de le priver de tout recours contre ce dernier. Ces divers exemples venaient à l'appui du principe énoncé plus haut que le créancier n'était nullement tenu de conserver ses actions, pour les céder ensuite aux fidéjusseurs. Certains auteurs ont, cependant, voulu contredire cette règle et ont cité différents textes à l'appui de leur opinion. Ils ont cité, en particulier, un texte du Code (Liv. VIII, tit. 41, loi 18) qui supposait une dette garantie d'un côté par un fidéjusseur et de l'autre par une hypothèque sur un fonds. Si, dans cette hypothèse, le créancier, afin de recouvrer les sommes qu'il avait avancées, vendait le fonds hypothéqué pour un prix inférieur à sa valeur réelle, il ne pouvait réclamer au fidéjusseur, en plus de ce qu'il devait payer normalement, la somme qui n'avait pas été retirée de la vente du fonds.

Nous répondrons que ce texte n'avait nullement pour but d'obliger le créancier à conserver ses actions. Le législateur voulait empêcher les créanciers de vendre à vil prix les biens hypothéqués. Aussi, avait-il décidé que le créancier, qui ne retirait pas la valeur réelle du bien hypothéqué, ne pouvait réclamer le surplus au débiteur principal. Il ne pouvait le réclamer, non plus au fidéjusseur, car celui-ci devait être poursuivi dans la même mesure, que le débiteur principal. L'hypothèse prévue par

ce texte était évidemment toute spéciale et il ne contredit
en rien la règle que nous avons cherché à établir. Ce
créancier ne contractait aucune obligation envers les fidéjusseurs et n'était nullement responsable de la perte de
ses actions.

Une question subsidiaire nous reste à examiner à propos du bénéfice de cession d'actions. Ce bénéfice n'étant
nullement incompatible avec le bénéfice de division on
peut se demander auquel de ces deux bénéfices le fidéjusseur devait accorder la préférence. Il faut répondre
que ces deux bénéfices avaient chacun leurs avantages.
Dans certains cas, il était plus utile, pour le fidéjusseur,
d'invoquer le bénéfice d'Adrien ; d'autres fois, au contraire, il valait mieux pour lui réclamer la cession des
actions. Le bénéfice de division procurait au fidéjusseur
l'avantage de ne payer que sa part virile ; pour avoir
droit au bénéfice de cession d'actions, il lui fallait commencer par payer la totalité de sa dette. Mais, une fois
que le fidéjusseur avait acquitté sa dette, il se trouvait
investi de toutes les actions du créancier, ce qui était fort
avantageux lorsque la dette était garantie par de bonnes
hypothèques. Il ne résultait du bénéfice de division aucune garantie particulière pour le cas d'insolvabilité du
reus. Le fidéjusseur avait donc tout intérêt, dans cette
dernière hypothèse, à se servir du bénéfice de cession
d'actions puisque le bénéfice de division ne lui aurait
pas permis de recouvrer la totalité de son avance.

SECTION III. — **Recours du fidéjusseur.**

Les garants qui avaient négligé de réclamer ces divers bénéfices ou qui ne se trouvaient pas dans les conditions requises, pour en profiter n'étaient pas privés de tout recours. Il eut été souverainement injuste de leur laisser supporter définitivement le fardeau-d'une dette qu'ils avaient acquittée, dans l'intérêt du *reus* sans rien obtenir en échange. Les voies de recours employées par les garants, contre les débiteurs principaux, variaient, suivant la manière dont leur engagement était contracté.

Le plus souvent, les fidéjusseurs s'engageaient, comme mandataires du débiteur principal ; ils avaient alors le droit de lui réclamer tous les frais nécessités par l'exécution du mandat. Ce droit était sanctionné par *l'actio mandati contraria.* Le fidéjusseur réclamait au *reus*, par cette action, tout ce qu'il avait payé à sa place. Si le débiteur principal était en demeure, le fidéjusseur avait droit aux intérêts à partir de la demeure. Il pouvait également se faire dédommager de toutes les autres dépenses, auxquelles il avait été obligé, pour accomplir son mandat.

Pour que le fidéjusseur eût droit à cette *actio mandati,* il fallait qu'il eût opéré la libération du débiteur principal et cette libération devait être le résultat d'un sacrifice personnel de sa part. Un paiement nul, exécuté par *l'adpromissor*, ne lui aurait pas permis d'intenter *l'actio mandati*, car le débiteur principal, n'étant pas libéré par un semblable paiement, restait exposé aux poursuites du créancier. L'*adpromissor* était, par conséquent, privé de tout recours contre le *reus* lorsqu'il s'était servi, pour le paiement, de la chose d'autrui. Cependant, si la chose donnée en paiement était usucapée par le créancier ; celui-ci, devenu propriétaire par l'effet de l'usucapion, ne pouvait plus rien réclamer au débiteur principal. Ce dernier se trouvait alors libéré et l'*adpromissor* pouvait intenter contre lui l'*actio mandati contraria*. L'usucapion n'était même pas nécessaire lorsque la chose donnée en paiement était une chose de genre, de l'argent par exemple. Dans cette hypothèse, l'*actio mandati* appartenait à l'*adpromissor* aussitôt que les deniers avaient été consommés de bonne foi par le créancier. A partir de ce moment, en effet, le créancier n'était plus exposé à la revendication du propriétaire des deniers qui pouvait seulement agir contre l'*adpromissor*. Comme autres exemples de paiement nul et ne permettant pas aux *adpromissores* l'usage de l'*actio mandati*, nous pouvons citer le paiement fait à un *falsus procurator* et le paiement fait par un *adpromissor* nonobstant une exception *rei cohærens* qu'il savait appartenir au *reus*. La libération du débiteur principal ne résultait pas toujours d'un paiement. Le *reus* était également libéré si le fidéjusseur avait été condamné au paiement et celui-ci pouvait immédiatement recourir contre lui.

La libération du débiteur principal ne permettait du

reste pas toujours au fidéjusseur d'user de l'*actio mandati contraria* ; il lui fallait avoir accompli un sacrifice personnel en vue d'obtenir cette libération. Supposons, par exemple, que le créancier veuille faire remise de sa dette au *reus* mais en soit empêché par l'absence de celui-ci : pour arriver à son but, il fera acceptilation au fidéjusseur et le débiteur principal se trouvera ainsi libéré. Le fidéjusseur n'aura cependant pas de recours contre celui-ci car il n'a accompli aucun sacrifice personnel.

D'autres voies de recours étaient quelquefois ouvertes au fidéjusseur, quand il ne pouvait employer l'*actio mandati*. Nous avons vu que cette dernière action était donnée aux *adpromissores* parce qu'ils s'étaient engagés en vertu d'un mandat du débiteur principal. Mais ils pouvaient aussi avoir contracté leur obligation, à l'insu du débiteur principal *ignorante reo*. Dans cette hypothèse, l'*adpromissor* ne disposait pas de l'*actio mandati* mais de l'*actio negotiorum gestorum*. Ces deux actions présentaient de grandes différences dans leurs effets. L'*actio mandati*, en effet, permettait au mandataire de se faire restituer tout ce qu'il avait déboursé, dans les limites de son mandat, tandis que le gérant d'affaires ne pouvait se faire rembourser que les dépenses faites utilement.

Papinien nous signale une espèce où l'*actio mandati* était donnée au fidéjusseur mais contre un autre que le débiteur principal : « *Quod si pro invito vel ignoranti alter utrius mandatum secutus fidejussit eum solum con-*

venire potest qui mandavit ». Dig., liv. XVII, tit. 1, loi 53). Dans cette hypothèse, le fidéjusseur pouvait poursuivre celui qui lui avait donné le mandat, mais ne disposait d'aucun droit contre le *reus*. Si, au contraire, l'engagement de l'*adpromissor* avait eu lieu, en présence du débiteur principal, et, sans qu'il y ait eu opposition de la part de celui-ci, le fidéjusseur avait, outre son *actio mandati*, l'*actio negotiorum gestorum* contre le débiteur principal.

Telles étaient les voies de recours dont disposait en général le fidéjusseur, mais dans certaines circonstances, il ne lui était accordé aucun recours. C'était, d'abord, quand l'*adpromissor* avait effectué, en s'engageant, une *procuratio in rem suam*. L'*adpromissor* ne pouvait, non plus, poursuivre le débiteur principal quand il s'était engagé *donandi animo*. On discuta longtemps le point de savoir si l'*actio negotiorum gestorum* devait être accordée aux fidéjusseurs qui s'étaient engagés, malgré l'opposition du débiteur principal. Mais la question était résolue dans le sens de la négative par de nombreux jurisconsultes romains tels que Pomponius et Paul. Cette solution paraît, du reste, la plus sage. Si l'on avait accordé à l'*adpromissor* l'*actio negotiorum gestorum* contre le *reus*, celui-ci se serait trouvé obligé envers le fidéjusseur bien qu'il eût refusé de se laisser cautionner par lui. D'autres jurisconsultes, au contraire, pensaient qu'il fallait donner aux fidéjusseurs une action *negotiorum gestorum utile*. « *Quidam putant utilem actionem dari oportere* ».

Cette seconde opinion était basée sur ce fait que le fidéjusseur avait rendu service au débiteur principal, en acquittant sa dette, et devait, par conséquent, être dédommagé. Rappelons, en terminant cet examen des voies de recours mises à la disposition des *adpromissores*, que les *sponsores* pouvaient également exercer leur recours, au moyen de l'*actio depensi*. Nous ne reviendrons pas sur cette action dont les avantages ont été indiqués plus haut.

SECTION IV. — Modes d'extinction.

On peut dire, d'une façon générale, que l'obligation des *adpromissores* prenait fin de deux façons différentes : elle pouvait s'éteindre directement, comme toutes les autres obligations, et il résultait, de son caractère accessoire qu'elle était exposée aux mêmes causes d'extinction que l'obligation principale à laquelle on la rattachait.

§ 1er. — *Extinction de la fidéjussion par voie de conséquence.*

1. *Modes d'extinction ipso jure.* — L'extinction de l'obligation principale produisait des effets différents sur la fidéjussion suivant que cette obligation était éteinte *ipso jure* ou *exceptionis ope*. Nous examinerons d'abord les faits d'où résultait, *ipso jure*, la libération du débiteur principal.

Quelques-uns de ces modes d'extinction s'attachaient

exclusivement à la personne du *reus*, sans affecter l'existence même de son obligation. Le débiteur principal se trouvait alors *exemptus obligatione*, mais l'obligation de ses fidéjusseurs subsistait tout entière. Tel était l'effet produit lorsque le *reus* encourait une *capitis deminutio* ou lorsqu'il mourait sans laisser d'héritiers. Ces hypothèses étaient exceptionnelles ; aussi nous contenterons-nous de les avoir indiquées avant de commencer l'étude des modes d'extinction *ipso jure* qui affectaient l'objet même de l'obligation principale. Les Institutes (liv. III, tit. 29), nous citent quatre de ces modes d'extinction : *le paiement, la novation, l'acceptilation et le contrarius consensus.*

Le paiement, auquel on peut assimiler la *datio in solutum*, avait pour effet de libérer immédiatement le fidéjusseur comme le débiteur principal. La novation, intervenue entre le créancier et le *reus*, produisait le même effet. Il en résultait la libération du fidéjusseur. Cette libération avait lieu même si les parties avaient voulu réserver l'obligation du fidéjusseur pour la garantie de la nouvelle créance. Il était seulement permis aux *adpromissores* d'accéder sur le champ à la nouvelle obligation.

Le paiement et la novation s'appliquaient à toutes les obligations ; l'acceptilation, au contraire, était un mode d'extinction spéciale aux obligations *verbis*. En admettant que l'obligation principale eût été contractée dans cette forme, le fidéjusseur se trouvait libéré lorsque le créancier faisait acceptilation au débiteur principal. En effet, si le fidéjusseur était resté exposé aux poursuites du créancier, il n'aurait pas manqué, après avoir payé celui-ci, de recourir contre le débiteur principal. Ce dernier n'aurait, en conséquence, retiré aucun avantage de l'acceptilation consentie par le créancier.

Le *contrarius consensus* était le mode d'extinction propre aux obligations nées de contrats consensuels. On se demandait, quand un tel contrat était garanti par des fidéjusseurs, si le *contrarius consensus* intervenu entre le créancier et le débiteur principal avait pour effet de libérer l'*adpromissor*. Il semblait étrange que le simple dissentiment des parties pût suffire à éteindre l'obligation des fidéjusseurs qui avait été contractée *verbis*. Papinien décidait cependant que l'extinction de l'obligation principale par le *contrarius consensus* devait produire la libération du fidéjusseur. D'autres jurisconsultes, tout en admettant cette libération, pensaient qu'elle devait avoir lieu *exceptionis ope* et non *ipso jure*. Cette dernière opinion fut soutenue en particulier par le jurisconsulte Paul.

Les Institutes nous citent seulement ces quatre modes d'extinction, mais il existait d'autres causes qui mettaient fin à l'obligation du débiteur principal et libéraient en même temps le fidéjusseur. Nous avons vu incidemment les effets produits par la *capitis deminutio* et la *litis contestatio*. La *præscriptio longi temporis* opérait également l'extinction des obligations principales et accessoires lorsque le créancier avait négligé de l'interrompre.

Lorsque la chose due était un corps certain, la perte de cette chose avait pour résultat la libération du débiteur principal et de ses garants. Mais il fallait, pour cela, que l'objet de l'obligation eût péri par cas fortuit et, avant toute mise en demeure. Si, au contraire, cet objet avait été perdu par le fait d'un débiteur ou, après sa mise en demeure, deux hypothèses devaient être distinguées.

Le débiteur principal avait-il détruit la chose ou avait-il été mis en demeure d'exécuter sa promesse avant qu'elle ne fût perdue, son obligation subsistait tout entière. Il en était de même de l'obligation accessoire du fidéjusseur toutes les fois que celui-ci avait laissé à son engagement toute son étendue sans le limiter par des clauses spéciales, le protégeant contre les fautes du débiteur principal : *quia in totam causam spopondit.*

Plus délicate était l'hypothèse où l'objet de l'obligation avait péri par le fait de l'*adpromissor* ou même, par cas fortuit, après sa mise en demeure : *sive facto, sive post moram adpromissoris.* Le débiteur principal était évidemment libéré, car la faute de l'*adpromissor* était, à son égard, considérée comme un cas fortuit. Mais, quel était le sort de l'engagement du fidéjusseur ? D'après les stricts principes du Droit romain, l'obligation de l'*adpromissor* devait être éteinte puisque son sort dépendait de celui de l'obligation principale. C'était dans ce sens que les principaux jurisconsultes romains avaient résolu cette question. Mais, une telle solution était complètement injuste, puisqu'il suffisait au fidéjusseur de détruire l'objet de l'obligation principale pour être libéré de son engagement. Les jurisconsultes, afin d'améliorer la situation défavorable qui en résultait pour le créancier, accordèrent à celui-ci une action de dol contre le fidéjusseur : « *Si fidejussor promissum animal ante moram occiderit, de dolo actionem adversus eum reddi oportere Neratius Priscus et Julianus responderunt quoniam, debitore liberato, per consequentias ipse quoque dimittitur* » (Papinien, liv. IV, tit. 3, loi 19). Le créancier n'était plus dépourvu de tout recours contre le fidéjusseur mais l'action de dol était insuffisante pour protéger ses droits. Cette action ne pouvait, en effet, être intentée lorsqu'une année s'était écoulée depuis que le dol avait été commis et elle n'était pas donnée contre les héritiers du fidéjusseur.

Un nouveau progrès était encore nécessaire ; nous le trouvons réalisé dans la loi 38, § 4. « *De solutionibus et liberationibus* » (Dig. Liv. XLVI, tit. 3) : Cette loi permettait au créancier de se faire restituer l'action dont il avait disposé d'abord contre le fidéjusseur.

Marcien (Dig. Liv. XXII, tit. 1, loi 32, § 5) accorda au créancier l'*actio utilis ex stipulatu*. Celui-ci put, dès lors, poursuivre le fidéjusseur sans avoir besoin d'invoquer l'*in integrum restitutio*.

La différence entre l'*actio utilis ex stipulatu* et l'*actio directa* était purement théorique ; aussi, ne tarda-t-on pas à permettre au créancier de se servir de cette action pour la poursuite de son fidéjusseur. Cette innovation, œuvre du jurisconsulte Papinien, eut pour résultat de laisser subsister complètement l'obligation du fidéjusseur lorsque la perte de la chose due lui était imputable. Les textes ne nous fixent pas exactement sur l'action dont disposait le créancier quand la chose avait péri *post moram adpromissoris*. Il est cependant probable que l'on finit par lui accorder l'*actio directa ex stipulatu*.

La confusion, qui était une cause d'extinction de toutes les obligations en général, avait quelquefois pour résultat la libération des *adpromissores*. Cette confusion pouvait d'abord résulter de la réunion des qualités de créancier et de débiteur principal. S'il n'y avait qu'un seul débiteur principal, sa dette se trouvait immédiatement éteinte et son extinction avait, pour conséquence, la libération du fidéjusseur.

Supposons, maintenant, qu'il y ait eu plusieurs débiteurs principaux. La confusion entre le créancier et l'un de ces débiteurs avait pour effet de libérer celui-ci ; les autres *correi* restaient tenus pour leur part dans la dette, ou même, pour la totalité dans le cas où il n'y avait pas société entre eux. Si nous voulons savoir quelle était, dans cette hypothèse, la situation du fidéjusseur, de nouvelles distinctions seront nécessaires. Le fidéjusseur avait-il seulement garanti l'obligation du débiteur libéré par l'effet de la confusion, il se trouvait également dégagé de sa promesse. Si l'*adpromissor* s'était engagé pour le *correus* dont l'obligation subsistait, il restait tenu. La question était plus difficile à résoudre lorsque le fidéjus-

seur avait garanti la dette de tous les *correi promittendi*.
Paul nous en fournit la solution dans un texte (Dig., L.
XLVI, 1. 71), évidemment applicable à la fidéjussion bien
qu'il y soit seulement question du *mandatum pecuniæ
credendæ*. Ce texte suppose que la confusion s'est pro-
duite dans une hypothèse où il y avait deux *correi* pour
lesquels était responsable un *mandator pecuniæ credendæ*. Le *correus*, au profit duquel la confusion avait eu lieu,
était libéré mais l'autre restait engagé, et, suivant l'avis
de Paul, l'obligation du *mandator* subsistait également
pour la moitié. Le débiteur principal, libéré par l'effet
de la confusion, pouvait donc agir, contre son *correus*,
pour la moitié de la dette, mais, s'il poursuivait le *mandator*, on accordait à celui-ci l'exception *doli mali*. L'exception de dol était basée sur ce motif que le créancier
commettait un dol, en exigeant du *mandator* un paiement
qui donnait à celui-ci le droit de recourir immédiatement contre lui. Dans ces différentes hypothèses, l'extinction de la fidéjussion n'était qu'une conséquence de
la libération du débiteur principal ; d'autres fois, au contraire, la confusion avait directement pour résultat la
libération de l'*adpromissor* et laissait subsister l'obligation du *correus*. Tel était le cas où il y avait confusion
entre la personne de l'*adpromissor* et celle du créancier.
L'obligation accessoire était éteinte puisque l'*adpromissor*
ne pouvait se poursuivre lui-même, mais il disposait des
mêmes droits que le créancier dont il avait pris la place
et pouvait poursuivre, comme lui, le débiteur principal.

La confusion pouvait, également s'opérer, entre le débiteur principal et la caution. Cette confusion avait pour effet de faire disparaître l'obligation accessoire quand l'engagement du débiteur principal était aussi rigoureusement sanctionné que celui de la caution. L'*adpromissor* prenait la place du débiteur principal et devait subir les mêmes poursuites que ce dernier. Il ne pouvait plus se servir des exceptions qu'il aurait pu opposer, en qualité de fidéjusseur mais avait le droit d'invoquer tous les moyens de défense dont disposait le débiteur principal. D'autres hypothèses pouvaient se présenter où l'obligation accessoire avait une force supérieure à celle de l'obligation principale. Tel était le cas où le fidéjusseur s'était engagé, pour la garantie d'une obligation naturelle. Le créancier n'avait, pour obtenir son paiement, que l'action *ex stipulatu* contre le fidéjusseur et ne disposait d'aucune action contre le débiteur principal. Si, dans cette hypothèse, on eut déclaré éteinte l'obligation accessoire pour ne laisser subsister que l'obligation principale, le créancier aurait été dépourvu de tout moyen pour se faire payer. Aussi maintenait-on l'obligation accessoire du fidéjusseur tout en laissant subsister l'obligation principale dont il était tenu, puisqu'il avait pris la place du débiteur principal. Le maintien de l'obligation naturelle s'expliquait, d'abord, parce qu'il eût été singulier de voir subsister l'engagement de l'*adpromissor*, après la disparition de l'obligation principale dont il était l'accessoire. D'un autre côté, cette obligation naturelle pouvait être utile au créancier, comme le prouve ce texte d'Africain « .... *tamen nihilominus naturalem obligationem mansuram ut, si obligatio civilis pereat, solutum repetere non possit* (L. XLVI, tit. 1, loi 21, § 2).

Laissant de côté cette hypothèse toute exceptionnelle, on peut dire, d'une façon générale, que l'obligation accessoire s'éteignait directement toutes les fois qu'il y avait eu confusion entre la personne du débiteur principal et celle du fidéjusseur. Il en était de même lorsque les qualités de fidéjusseur et de créancier s'étaient réunies sur la même tête. Toutes les autres causes d'extinction des obligations pouvaient, également, avoir pour résultat la libération de l'*adpromissor*.

§ 2. — *Modes d'extinction « exceptionis ope ».*

Nous n'avons, jusqu'ici, étudié que les modes d'extinction opérant *ipso jure*, mais l'obligation dù débiteur principal pouvait également être éteinte *exceptionis ope*. Il nous faut, par conséquent, étudier les droits du fidéjusseur sur les exceptions qui appartenaient alors au débiteur principal. Marcien était d'avis que le fidéjusseur pouvait disposer de toutes ces exceptions. « *Omnes exceptiones quæ reo competunt etiam invito reo fidejussori competunt* ». Cette règle, ainsi présentée par ce jurisconsulte, était trop absolue. Les Instituts, en effet, après avoir posé le principe que les exceptions par lesquelles le *reus* pouvait se défendre étaient généralement mises à la disposition des *adpromissores* ajoutent cependant que les fidéjusseurs ne pouvaient opposer certaines exceptions. « *Sane quædam exceptiones non solent his accommodari* » (Liv. IV, tit. 14, § 4). Les Instituts font ici allusion aux exceptions *personæ cohærentes* qui ne pouvaient être opposées par les débiteurs accessoires lorsqu'elles étaient nées dans la personne du débiteur principal. Le texte que nous venons de citer fournit, comme exemple, l'*exceptio nisi bonis cesserit* et décide que cette exception ne pouvait être opposée par les fidéjusseurs, au nom du débiteur principal. Le débiteur qui, se trouvant dans l'impossibilité de payer toutes ses dettes, avait, pour conserver la liberté, fait à son créancier l'abandon de ses biens, pouvait à une nouvelle poursuite de celui-ci opposer l'*exceptio nisi bonis cesserit*. Cette exception ne pouvait être invoquée par le fidéjusseur au nom du débiteur principal. S'étant engagé pour couvrir l'insolvabilité du *reus*, il ne pouvait invoquer cette insolvabilité comme une cause de libération.

En revanche les exceptions *de dolo* et *quod metus causa* pouvaient être opposées aussi bien par l'*adpromissor* que par le débiteur principal. Il en était de même pour les exceptions des sénatus-consultes Velléien et Macédonien. Cette dernière exception n'était cependant pas accordée aux fidéjusseurs qui ne jouissaient d'aucun recours contre le *paterfamilias* ou le fils de famille pour lesquels ils s'étaient portés garants.

L'*exceptio legis Plætoriæ* était également accordée aux

fidéjusseurs fournis par le mineur de 25 ans que la loi Plætoria avait pour but de protéger.

Quand un *pacte de non petendo in rem* était intervenu entre le débiteur principal et le créancier, le fidéjusseur pouvait invoquer ce pacte pour se soustraire aux poursuites du créancier. S'agissait-il d'un *pacte de non petendo in personam*, le débiteur principal en bénéficiait seul et ses garants restaient tenus de payer la dette en cas de poursuites.

On se demandait si les fidéjusseurs pouvaient profiter de la *restitutio in integrum* accordée au débiteur principal. Ulpien, s'occupant spécialement de la *restitutio ab ætatem*, décidait que cette question devait être laissée à l'appréciation du magistrat. Celui-ci devait examiner dans quelles conditions la fidéjussion avait été contractée et rechercher à qui, du créancier ou du fidéjusseur, il valait mieux venir en aide. Si le créancier, en exigeant l'engagement du fidéjusseur, avait eu précisément pour but d'éviter les risques d'une *restitutio in integrum*, il eut été injuste de laisser la caution invoquer cette *restitutio* pour se libérer de son engagement. Quand, au contraire, le créancier avait seulement redouté l'insolvabilité du débiteur principal, l'exception de la *restitutio in integrum* devait être étendue à l'*adpromissor*.

Tels étaient les effets produits sur l'obligation du fidéjusseur lorsqu'une exception était née dans la personne du *reus*. Supposons maintenant l'hypothèse inverse, et voyons dans quelles circonstances, le débiteur principal

pouvait invoquer les exceptions nées *in persona adpromissoris*. Le *reus* n'avait aucun droit sur les exceptions
personæ cohærentes qui appartenaient à son garant.

Parmi les exceptions *rei cohærentes*, il pouvait seulement opposer celles dont le fait générateur était assimilable à un paiement libérant tous les obligés. Le
débiteur pouvait, par conséquent, opposer l'exception
résultant d'un *pacte de non petendo in rem* conclu entre
le fidéjusseur et le créancier. Les exceptions qui n'a-
vaient pas leur source dans un fait assimilable au
paiement ne pouvaient être invoquées par le débiteur
principal lorsqu'elles naissaient dans la personne de la
caution. Supposons, par exemple, que l'engagement du
fidéjusseur eût été contracté sous l'empire de la violence,
il pouvait invoquer l'exception *quod metus causa* sur la
poursuite du créancier, mais le débiteur principal ne
pouvait opposer cette exception au nom de son garant.

On permettait, en effet, au fidéjusseur d'opposer les
exceptions nées dans la personne du débiteur principal,
parce que, si cette faculté ne lui avait pas été accordée,
il n'aurait pas manqué, après avoir exécuté le paiement,
de recourir contre le débiteur principal. Celui-ci se serait ainsi vu privé de tout le bénéfice de l'exception.
Au contraire, le débiteur principal ne disposait d'aucun
recours contre son garant. Celui-ci n'était pas exposé,
par conséquent, à perdre les avantages des exceptions
qui lui étaient accordées.

C'est pour cette raison que le débiteur principal ne pouvait se servir des exceptions appartenant à son garant que, dans l'hypothèse particulière où le fait générateur de ces exceptions était assimilable à un paiement.

DROIT FRANÇAIS

DIVERS BÉNÉFICES ACCORDÉS A LA CAUTION

PRÉLIMINAIRES

La théorie du Code civil sur le cautionnement est, à peu de choses près, empruntée entièrement au Droit romain. Sans doute, notre Code a écarté tout ce qui était plus ou moins la conséquence du formalisme de la législation romaine, mais les principes sont identiques. Nous voyons nos anciens auteurs employer même les expressions latines de fidéjusseur et de fidéjussion pour désigner caution et cautionnement. Mais c'est la fidéjussion telle qu'elle était à l'époque de Justinien et non celle de l'époque classique qui a été adoptée par le Code civil.

Dans notre droit, bien entendu, le cautionnement est devenu un contrat consensuel et celui qui veut garantir la dette d'autrui n'est plus astreint à l'emploi de formules consacrées. Ses obligations et ses droits sont les mêmes, quelle que soit la manière dont il a manifesté sa volonté.

Nous avons vu pourquoi, dans la législation romaine, la fidéjussion avait tant d'importance et pourquoi les garanties personnelles étaient, de beaucoup, préférées aux sûretés réelles. Nous devons constater qu'aujourd'hui le système des sûretés réelles s'étant perfectionné, ce sont ces dernières qui sont, au contraire, plus en faveur et d'un usage plus fréquent. Il est incontestable que le cautionnement a beaucoup perdu de son importance pratique. Sans doute, il est, dans certains cas, exigé par la loi elle-même, par exemple pour l'usufruitier, l'usager (caution légale). D'autres fois, le juge condamne le débiteur à la fournir (caution judiciaire), mais le cautionnement conventionnel est d'un usage relativement rare en matière civile.

En matière commerciale, au contraire, il est d'un usage plus fréquent, et cela se comprend parce que les commerçants ayant entre eux des rapports très fréquents sont plus à même que les particuliers d'apprécier leur solvabilité réciproque et, par suite, la valeur d'une semblable garantie.

Le caractère essentiellement favorable de ce contrat, la situation particulièrement intéressante de la caution qui vient, sans y être tenue, garantir une dette à laquelle elle est étrangère et cela pour rendre service au débiteur, lui donner du crédit, devait conduire le législateur moderne à emprunter au Droit romain les trois bénéfices dont jouissaient les fidéjusseurs à l'époque de Justinien et dont nous faisons le sujet de cette étude.

CHAPITRE PREMIER

§ 1er. — *Historique*.

Le bénéfice de discussion est le droit, pour la caution, d'exiger du créancier qui agit contre elle la poursuite préalable du débiteur principal. Ce bénéfice, introduit par Justinien dans la législation romaine ne se retrouve pas dès la première époque de notre droit. Nous n'en trouvons aucune trace dans les plus anciens manuscrits du droit coutumier ; Beaumanoir n'en parle pas dans sa rédaction des Coutumes de Beauvoisis, et, c'est seulement, dans les Établissements de St-Louis, que ce bénéfice nous est signalé pour la première fois.

Mais le bénéfice de discussion ne commença à être véritablement connu qu'au XVe siècle. L'étude du Droit romain avait alors fait d'immenses progrès et les jurisconsultes faisaient de larges emprunts à la législation romaine. Aussi trouvons-nous des renseignements très précis sur ce bénéfice dans les ouvrages de cette époque et, en particulier, dans la *Somme rurale de Jehan Bouteiller*.

Le bénéfice de discussion était, à cette époque, accordé aux cautions dans la plupart des coutumes mais de nombreuses entraves étaient apportées à l'exercice de ce bénéfice. Des conditions rigoureuses étaient imposées. La caution qui réclamait la discussion du débiteur principal devait indiquer, en une seule fois, les biens à discuter. Ces biens devaient être situés dans le ressort du Parlement où s'engageait le litige.

Notons cependant que cette dernière condition n'était pas exigée par tous les jurisconsultes. Bourjon, en particulier, admettait la discussion de tous les biens situés en France. Mais tous les jurisconsultes étaient d'accord pour exiger de la caution l'avance des frais nécessaires pour la poursuite du débiteur principal. La plupart des auteurs allaient même plus loin et décidaient que si, par sa négligence, le créancier qui avait reçu l'avance des frais, laissait le débiteur principal devenir insolvable, il pouvait agir ensuite contre la caution. Celle-ci n'avait pas le droit de se prévaloir de cette négligence pour refuser le paiement.

Le bénéfice de discussion n'était pas accordé à toutes les cautions. Les cautions judiciaires et les cautions solidaires ne jouissaient pas de cette faveur. Il en était de même des cautions « *des fermes du Roi qui étaient censées être les associés du fermier débiteur principal* » (Pothier, *Obligations*, n° 407). Le bénéfice de discussion était refusé à ces dernières cautions malgré une Ordonnance de Louis XII de l'an 1573 qui le leur avait accordé. On ne pouvait, non plus, discuter les biens d'un absent.

Très souvent les cautions, en contractant, renonçaient

au droit d'invoquer le bénéfice de discussion. L'usage
de cette renonciation s'était introduit, par imitation du
Droit romain. Les *argentarii*, en effet, ne pouvaient,
comme cautions, invoquer le bénéfice de discussion
mais, pour les dédommager, Justinien leur avait accordé
le droit d'exiger des cautions, qu'ils recevaient la rénon-
ciation à ce bénéfice. Cette renonciation qui, en Droit
romain, était spéciale à une certaine catégorie de cautions, fut généralisée par les anciennes coutumes au
point de devenir une clause de style dans tous les contrats de cautionnement.

Outre ces clauses de renonciation expresse, quelques
auteurs admettaient des renonciations tacites résultant
de certaines formes employées dans le contrat. On dis-
cutait vivement la question de savoir si le fait de s'engager comme principal preneur, faisait perdre à la caution son droit au bénéfice de discussion. Pour les uns,
il y avait la renonciation tacite. D'autres distinguaient
si la clause se trouvait insérée dans l'acte même constatant l'obligation principale ou dans un acte postérieur.
Dans ce dernier cas seulement, la caution conservait le
droit d'invoquer le bénéfice de discussion. Basnage et
Pothier étaient partisans de la renonciation tacite et
nous verrons que le Code civil (art. 2021) a consacré ce
système.

On peut dire que, dans notre ancien droit, le bénéfice
de discussion existait théoriquement. En pratique, il
était rarement en usage. Il avait même été complètement

supprimé par certaines coutumes et, notamment, par la *Coutume de Bourgogne*.

Le Code civil (art. 2021) a consacré le bénéfice de discussion. Nous ne pensons pas, comme l'ont fait certains jurisconsultes, qu'il suffise, pour justifier la concession de ce bénéfice, de dire qu'il est équitable de venir au secours de celui qui a bien voulu s'engager pour autrui sans en tirer profit; ce qui, d'ailleurs, ne saurait s'appliquer à une caution qui aurait stipulé un salaire pour le service rendu. Nous pensons que la question d'équité doit être mise de côté. Le bénéfice de discussion s'impose, nous semble-t-il, par la seule interprétation de la volonté des parties. La caution, en effet, n'a voulu que parer à l'éventualité de l'insolvabilité du débiteur principal. C'est un débiteur accessoire ; il est donc bien conforme à son intention de ne payer que dans l'hypothèse qu'il a prévue. Il doit, par conséquent, avoir le droit de forcer le créancier à se faire payer par le débiteur principal pourvu, d'ailleurs, qu'il lui en fournisse les moyens.

On peut ajouter que ce bénéfice réalise une économie pour l'obligé principal en supprimant les frais que pourrait entraîner le recours de la caution contre lui si elle devait payer sur les premières poursuites.

§ 2. — *Quelles cautions peuvent invoquer ce bénéfice ?*

L'article 2021 du Code civil nous dit que : « *La caution n'est obligée envers le créancier à le payer qu'à défaut du débiteur qui doit être préalablement discuté dans ses biens, à moins que la caution n'ait renoncé à ce bénéfice de discussion ou à moins qu'elle ne se soit obligée solidairement avec le débiteur, auquel cas l'effet de son engagement se règle d'après les principes qui ont été établis pour les dettes solidaires »*.

Il résulte de cet article que le bénéfice de discussion appartient en principe à toutes les cautions. Cette règle générale souffre cependant des exceptions dont les unes nous sont indiquées par l'article 2021 lui-même, par l'article 2042, et par l'article 142 du Code de commerce. Les autres résultent des principes généraux du Droit.

I. — Exceptions résultant d'un texte formel de la loi.

a) *Caution qui a renoncé.* — Parmi les cautions privées du bénéfice de discussion, l'article 2021 nous cite, d'abord, les cautions qui ont renoncé au droit de l'invoquer. Cette renonciation peut être expresse et, dans ce cas, il n'y a pas de difficulté. Elle peut également être tacite, car nous n'avons pas de termes sacramentels en Droit français. Mais alors naît la difficulté de savoir de quels termes, de quelles expressions on pourra conclure à la renonciation tacite. C'est là, évidemment, une question de fait que les tribunaux auront à juger, en tenant compte de ces deux principes généraux que, d'une part, nul n'est censé renoncer à un droit sans une manifestation suffisante de sa volonté et que, d'autre part, il vaut mieux interpréter une clause dans le sens où elle produit de l'effet que dans celui où elle n'en produit aucun. Il y a renonciation tacite au bénéfice de discussion, en vertu de l'article 2021, lorsque la caution s'est engagée solidairement avec le débiteur principal. Tel est le seul cas de renonciation tacite qui nous soit signalé par le Code. En dehors de cette hypothèse, il est impossible de formuler des règles générales.

Nos anciens jurisconsultes n'étaient pas d'accord sur le sens à donner à certaines expressions qui se trouvaient quelquefois employées dans les actes de cautionnement telles que la clause du principal preneur dont nous avons déjà parlé et que la Cour de cassation n'a pas jugée suffisamment précise pour qu'on pût en induire une renonciation tacite. Loysel admettait que la clause de fournir et faire valoir faisait présumer la renonciation au bénéfice de discussion et qu'on devait décider de même si les débiteurs et la caution s'étaient obligés ensemblement l'un pour l'autre et un chacun d'eux seul et pour le tout. D'Argou allait plus loin encore et voyait une renonciation tacite dans les termes vagues du renonçant sans dire à quel droit s'appliquait cette renonciation. Pothier, plus rigoureux, ne voulait pas qu'on inférât de termes aussi peu clairs une renonciation qui pouvait être très rigoureuse pour la caution. De semblables discussions ne nous semblent pas devoir mériter l'attention des jurisconsultes. Il suffit de savoir que la renonciation peut être tacite puisque le Code lui-même nous en donne un exemple. Quant à savoir quand on pourra voir une renonciation tacite dans les expressions employées, c'est là, comme nous l'avons dit, une question d'espèces qu'il appartient aux tribunaux de trancher. Ceux-ci pourront, pour s'éclairer, laisser de côté les expressions dont on a fait usage et s'attacher uniquement aux circonstances pour savoir quelle a été l'intention des parties. Aujourd'hui, comme dans notre ancien droit, où la renonciation au bénéfice de discussion était presque de style, les cautions renoncent fréquemment à ce droit. Peu de créanciers manquent d'exiger cette renonciation de la caution fournie conventionnellement par le débiteur. Cet usage restreint singulièrement l'exercice du bénéfice de discussion.

b) *Caution judiciaire.* — Le bénéfice de discussion est refusé à la caution judiciaire, en vertu de l'article 2042 du Code civil. Cette exclusion qui n'avait pas lieu en Droit romain existait déjà dans notre ancien droit où elle nous est signalée par Pothier. En refusant à la caution judiciaire le bénéfice de discussion, le législateur a voulu assurer l'exécution plus immédiate des sentences de la justice. Tels étaient également les motifs pour lesquels les cautions judiciaires ne jouissaient pas de cette faveur en Droit coutumier. Mais, si la caution judiciaire était, elle-même, garantie par un certificateur, celui-ci conservait le droit d'exiger la poursuite préalable de la caution.

Les rédacteurs du Code se sont montrés plus rigoureux, sur ce point, que les anciens jurisconsultes et ont

refusé le bénéfice de discussion aux certificateurs de
cautions judiciaires comme ils le refusaient à ces cautions elles-mêmes. L'article 2023 nous dit en effet que :
« *Celui qui a cautionné la caution judiciaire ne peut demander la discussion du débiteur principal et de la caution* ». Cet article étant d'une extrême rigueur, ne doit
pas être étendu en dehors de l'hypothèse toute spéciale
à laquelle il s'applique. Supposons, par exemple, qu'une
caution ait renoncé au droit d'exiger la discussion du
débiteur principal. Le certificateur de cette caution
pourra, malgré cette prononciation, se prévaloir du bénéfice de discussion.

c) *Donneur d'aval.* — L'article 142 du Code de commerce refuse le bénéfice de discussion au donneur d'a-
val qu'il assimile à la caution solidaire. Bien qu'il ne
soit question, dans l'article 142, que du donneur d'aval,
certains auteurs se fondent sur cet article pour priver
toutes les cautions commerciales de ce bénéfice. C'était
déjà, nous disent ces auteurs, le principe admis avant la
rédaction du Code, comme le prouve une décision du
Parlement de Grenoble. Brillon signale, en effet, cette
décision dans les termes suivants : « *Trois marchands
de Grenoble ayant été cautionnés envers leurs créanciers
Dauphinois par un de leurs amis Dauphinois, le créancier
qu'ils négligeaient de payer s'étant pourvu contre leurs
cautions, par arrêt du Parlement de Grenoble, il leur fut
enjoint de lui procurer son paiement en deux mois et de*

*payer après ce temps là encore qu'ils n'eussent pas renoncé
à l'exception d'ordre* ».

On justifie encore cette opinion en disant que la célérité
et la bonne foi, bases de toutes les opérations commerciales, s'opposent à ce que les cautions puissent en cette
matière, invoquer le bénéfice de discussion. S'il en était
autrement, nous dit Troplong (*Caution*, n° 33) on entrave-
rait les affaires commerciales où « *la confiance et la
bonne foi doivent être exubérantes* ». On peut facilement
répondre à ce dernier argument que la confiance et la
bonne foi ne doivent pas moins exister dans les affaires
civiles que dans les affaires commerciales. On a encore
fait valoir, pour refuser aux cautions commerciales le
bénéfice de discussion, que, dans la plupart des cas, le
cautionnement commercial était un contrat intéressé et
que, dès lors la caution ne méritait point la protection
que, par équité, le législateur lui avait accordée. Mais
il faudrait, pour être logique, refuser aussi le bénéfice de
discussion à la caution civile lorsque le cautionnement
est intéressé. Or personne n'ose aller jusque-là, en présence du texte du Code qui l'accorde sans distinction.
Nous avons, d'ailleurs, dit plus haut que le bénéfice de
discussion se justifiait moins par l'équité que par l'intention présumée des parties. Il importe donc peu que la
caution soit plus ou moins intéressante, en Droit commercial comme en Droit civil, qu'elle contracte avec ou
sans salaire ; son intention est la même, elle ne veut
payer qu'en cas d'insolvabilité du principal obligé et

doit jouir, dans tous les cas du bénéfice de discussion.

La jurisprudence accorde à la caution commerciale le bénéfice de discussion. Un arrêt de la Cour de cassation, en date du 4 mars 1851 a jugé, en effet, que celui qui, en mettant son aval sur un effet de commerce, n'a entendu s'obliger que comme certificateur de la caution du débiteur principal peut opposer aux poursuites dirigées contre lui l'exception de discussion de la caution qu'il a certifiée. Il résulte de cet arrêt que le bénéfice de discussion peut être accordé au donneur d'aval lui-même dans certaines circonstances. C'est reconnaître que les cautions commerciales jouissent, comme les cautions ordinaires, du droit d'opposer le bénéfice de discussion.

II. — Exceptions résultant des principes généraux du Droit.

Bien que le Code ne refuse le bénéfice de discussion qu'aux trois catégories de cautions que nous venons de signaler, les principes généraux du Droit s'opposent, dans certaines circonstances, à ce que les cautions jouissent de cette faveur. Il ne faut pas, en effet, que l'exercice de ce bénéfice devienne un motif de perte pour le créancier.

Une caution ne pourrait opposer le bénéfice de discussion si elle était sous le coup de la règle : *Quem de evictione tenet actio eumdem agentem repellit exceptio.* Supposons, par exemple, qu'une caution, ayant garanti l'engagement d'un vendeur, apprenne ensuite que l'objet vendu lui appartenait. L'acheteur contre lequel cette caution intentera l'action en revendication, lui opposera l'exception de garantie. Le garant ne pourra répondre par l'exception de discussion. Le vendeur, en effet, est obligé, par le contrat de vente, à garantir son acheteur de toutes les évictions qui ont une cause antérieure au contrat. La caution qu'il a présentée est tenue d'assurer l'exécution de cet engagement. Or, dans l'hypothèse qui nous occupe, la caution peut seule, en arrêtant sa revendication, faire cesser le trouble dont se plaint l'acheteur. Il est donc inutile d'obliger ce dernier à la poursuite préalable du vendeur.

Les principes généraux du droit s'opposent également à ce que la caution invoque le bénéfice de discussion lorsqu'elle a succédé, à titre universel, au débiteur principal.

On s'est demandé si, en supposant que la caution devenue elle-même créancière du créancier, poursuive ce dernier, celui-ci pourrait, en lui opposant l'effet de la compensation, paralyser son bénéfice de discussion. Troplong soutient cette opinion et s'appuie sur les principes généraux admis en matière de compensation d'après lesquels deux dettes liquides et exigibles se compensent de plein droit. Nous ne croyons pas que cette opinion soit admissible. En effet, la dette de la caution, tout en étant certainement exigible dans le sens propre du mot est cependant, par suite du bénéfice de discussion accordé à la caution, d'une nature particulière, puisqu'elle

peut ne pas être acquittée par la caution sur les premières poursuites. Ce caractère particulier de l'obligation
de la caution nous semble devoir empêcher le créancier
d'opposer la compensation.

Nous devons maintenant nous demander si la caution
d'une obligation naturelle pourrait opposer le bénéfice
de discussion. Mais, avant d'aborder cette question,
nous devons nous demander si les obligations naturelles
sont susceptibles de faire l'objet d'un cautionnement
valable. Cette question n'est pas résolue catégoriquement
dans le Code. L'article 2012 nous dit simplement : « *Le
cautionnement ne peut exister que sur une obligation valable. On peut, néanmoins, cautionner une obligation encore
qu'elle puisse être annulée par une exception purement
personnelle à l'obligé, par exemple en cas de minorité* ».
Nous pensons que l'article 2012 entend par obligation valable et susceptible d'être cautionnée toute obligation qui
peut être là cause d'un paiement valable. Le cautionnement, ayant pour but d'assurer l'exécution des obligations, doit, en effet, être possible pour toutes les obligations qui sont susceptibles d'être exécutées. On pourrait
donc cautionner toutes les obligations qui ont en droit
une existence quelconque, par exemple les obligations
naturelles ou celles qui peuvent être annulées comme
ayant été contractées par un incapable. Dans cette dernière hypothèse, le cautionnement pourra subsister
même après l'annulation de l'obligation principale. L'extinction de l'obligation principale laisse alors subsister

une obligation naturelle qui peut, suivant notre opinion, être garantie par une caution.

De nombreux arguments peuvent être cités, à l'appui de cette opinion. Le cautionnement des obligations naturelles était, en effet, admis en droit romain, comme nous l'avons vu dans la première partie de ce travail. « *Fidejussor accipi potest quoties est aliqua obligatio civilis aut naturalis cui applicetur* ». Nous retrouvons ce principe dans notre ancien Droit français. La coutume de Bretagne décidait, en effet, que le fidéjusseur capable de s'obliger lui-même civilement pouvait également s'obliger pour les incapables soit mineurs, soit prodigues, soit furieux ou autres.

Pothier faisait cependant une exception et décidait que l'on ne pouvait cautionner l'obligation contractée par une femme mariée sans l'autorisation de son mari. Cette opinion qui n'était pas partagée par les autres commentateurs est devenue absolument inadmissible sous l'empire du Code. En effet, l'article 2012, après avoir permis de cautionner une obligation bien qu'elle pût être annulée par une exception purement personnelle à l'obligé, nous cite, comme exemple, l'obligation du mineur. Or, l'article 1125 assimile cette obligation à celle de la femme mariée.

Dans notre Droit moderne, la possibilité de cautionner des obligations naturelles est admise par de nombreux auteurs et, en particulier par M. Colmet de Santerre qui s'exprime en ces termes (livre V, n° 174 *bis*) :

« Ce n'est pas une inconséquence de permettre le cautionnement d'une dette qui ne peut être poursuivie en justice parce que le cautionnement est un acte volontaire de celui qui s'oblige tandis que la poursuite judiciaire est une exécution forcée et le caractère de l'obligation naturelle est justement de ne pas se prêter à une contrainte mais de pouvoir servir de cause à des actes de la volonté libre ».

Après avoir ainsi justifié le principe que les obligations naturelles pouvaient être l'objet d'un cautionnement valable, nous pouvons revenir à notre sujet et nous demander si, étant donné qu'une obligation naturelle ait été garantie par une caution, celle-ci pourrait opposer le bénéfice de discussion.

Ce bénéfice ne nous semble pas devoir être accordé aux cautions qui ont garanti des obligations naturelles. Ces cautions, en effet, ont dû connaître, en s'engageant, la fragilité de l'obligation principale qu'elles garantissaient. Leur engagement devrait, par conséquent, être considéré comme renfermant une renonciation tacite au bénéfice de discussion. Ce bénéfice devrait, pour les mêmes raisons, être refusé à la caution d'une femme mariée qui aurait contracté sans l'autorisation de son mari ou à celle d'un prodigue qui se serait engagé sans l'assistance de son conseil judiciaire.

Que décider dans le cas où l'obligation ainsi garantie a été contractée par un mineur ? Une solution différente nous paraît devoir être admise dans cette hypothèse. La caution qui aurait garanti un semblable engagement pourrait, d'après notre opinion, opposer le bénéfice de discussion. Le mineur, en effet, aux termes de l'article 1305 n'est restituable qu'autant qu'il a été lésé. « *Minor restituitur non tanquam minor sed tanquam læsus* ». Est-ce là une raison suffisante pour priver sa caution du bénéfice de discussion ? Celle-ci ne s'est engagée que pour le cas où ce débiteur principal n'accomplirait pas sa promesse. Or il n'est pas démontré que le mineur pourra se dispenser de l'exécuter. Il lui faudrait en effet, pour obtenir sa libération prouver non seulement qu'il était mineur en contractant son engagement mais encore qu'il en est résulté pour lui un dommage. Jusqu'à ce qu'il ait obtenu la rescision de son obligation, il est traité comme un débiteur ordinaire. La caution doit, par conséquent, jouir des avantages accordés aux autres cautions. On devra donc attendre, pour refuser à la caution du mineur le bénéfice de discussion, que celui-ci ait obtenu la rescision de son engagement et rendu ainsi impossible toute poursuite contre lui.

§ 3. — *A quelles conditions ce bénéfice peut-il être opposé ?*

Le bénéfice de discussion doit être opposé sur les premières poursuites.

Ce principe était déjà admis dans l'ancien Droit où, comme le dit Pothier : « *Le créancier n'était obligé à discuter le principal débiteur que lorsque le fidéjusseur le demandait et opposait l'exception de discussion ; c'est pour-*

quoi, quoique le créancier n'ait pas discuté le débiteur principal, sa demande et ses poursuites contre le fidéjus- jusseur sont bien faites jusqu'à ce que celui-ci ait opposé l'exception de discussion ».

On a prétendu que le Code avait adopté un système opposé à celui de l'ancien droit. On s'est basé, pour soutenir cette opinion, sur l'article 2011 en vertu duquel : « *Celui qui se rend caution d'une obligation se soumet envers le créancier à satisfaire à cette obligation si le débiteur n'y satisfait pas lui-même* ». De ce texte on a voulu conclure que l'obligation était purement conditionnelle et subordonnée à l'inexécution de l'engagement du débiteur principal.

Mais cet article est loin d'avoir une signification aussi étendue, il a simplement pour but de faire saisir le caractère accessoire du cautionnement. On ne saurait davantage se baser sur l'article 2021 qui nous dit que la caution est seulement obligée envers le créancier à défaut du débiteur, ce qui est expliqué par l'article suivant. Il est dit expressément, en effet, dans l'article 2022 que le bénéfice de discussion doit être opposé par la caution. Ce système a, du reste, été adopté par la jurisprudence. En effet un arrêt de la Cour de cassation a cassé un jugement du tribunal de Tours qui décidait qu'on ne pouvait exercer de poursuites contre une caution qu'après une discussion préalable du débiteur principal.

Ce premier point étant admis, reste à savoir à quelle époque le garant doit opposer le bénéfice de discus-

sion. L'article 2022 nous répond à ce sujet, d'une façon assez ambiguë, en disant que le bénéfice de discussion doit être opposé par la caution sur les premières
poursuites du créancier.

Tel était également le principe admis dans le Droit
coutumier, comme l'attestent Basnage et Pothier. Ce
dernier jurisconsulte considérait la caution qui n'avait
pas invoqué le bénéfice de discussion sur les premières
poursuites du créancier, comme ayant renoncé à ce bénéfice : « *Si le fidéjusseur a contesté, au fond, sans opposer
le bénéfice de discussion il n'y est pas recevable, étant
censé, en défendant au fond, avoir tacitement renoncé à
ces exceptions* ». Les rédacteurs du Code s'étant inspirés
de l'œuvre de Pothier pour écrire l'article 2022, nous
devons, en cherchant le sens de cet article, nous conformer aux idées admises par ce jurisconsulte. Nous sommes amenés à cette conclusion que l'article 2022 a pour
but de refuser à la caution le bénéfice de discussion
toutes les fois que celle-ci est présumée y avoir tacitement renoncé. Mais cette présomption n'existe pas par
le seul fait que la caution n'a pas, aussitôt poursuivie,
opposé le bénéfice de discussion. Supposons, par exemple, une caution qui, poursuivie par le créancier, réponde
en niant l'existence du cautionnement, elle pourra cependant si sa prétention n'est pas reconnue fondée, opposer plus tard le bénéfice de discussion (Merlin).

Au contraire, la caution ne pourrait pas opposer le
bénéfice de discussion en appel si elle avait négligé d'in-

voquer ce moyen de défense devant le tribunal de première instance, sa négligence ne peut être comprise, dans cette hypothèse, que dans le sens d'une renonciation. Il en a du reste été ainsi décidé par un arrêt de la Cour de cassation du 25 juillet 1835.

Nous ne nous sommes jusqu'ici occupés que de l'effet produit par des poursuites judiciaires. L'article 2022 n'ayant pas fait de distinction doit être appliqué aussi bien aux poursuites extra-judiciaires qu'aux poursuites judiciaires et l'on devra suivre le même mode d'interprétation.

Il est cependant une hypothèse où le bénéfice de discussion pourrait être opposé par la caution bien qu'elle eut négligé de l'invoquer sur les premières poursuites du débiteur principal. Il faut supposer que ce débiteur, insolvable au moment des premières poursuites, ait acquis plus tard des biens qui le mettent à même de remplir ses engagements. Dans ce cas la caution qui, poursuivie par le créancier, n'a pas immédiatement opposé le bénéfice de discussion pourra cependant l'invoquer en tout état de cause. Le fait de n'avoir pas opposé le bénéfice de discussion sur les premières poursuites ne peut être considéré ici comme une renonciation tacite à ce bénéfice. Remarquons, toutefois, que cette hypothèse n'est nullement prévue par le Code, mais la théorie que nous venons d'émettre était admise par Pothier et semble être également dans l'esprit de notre loi moderne.

b) *Indication des biens à discuter*. — La caution qui

requiert la discussion du débiteur principal doit indiquer au créancier les biens qu'il doit discuter. Telle est la seconde condition que doit remplir la caution, si elle veut profiter du bénéfice de discussion. Cette indication était déjà exigée dans l'ancien Droit où, comme le dit Pothier : « *A l'égard des biens meubles et immeubles que pourrait avoir le débiteur principal, le créancier n'étant pas obligé de les connaître n'est pas obligé de les discuter s'ils ne lui sont pas indiqués par la caution. Cette indication doit se faire en une fois, on y doit comprendre tous les biens du débiteur que l'on veut que le créancier discute ; on ne serait pas recevable, après la discussion de ceux qu'on a indiqués, à en indiquer d'autres* ».

Dans notre ancien Droit, le fidéjusseur n'avait besoin d'indiquer que les immeubles. Le créancier, en effet, avant de poursuivre la caution était tenu de faire saisir les meubles du débiteur principal. Il pouvait seulement agir contre ses garants quand la vente des meubles n'avait pas suffi à le désintéresser.

Cette distinction entre les biens mobiliers et immobiliers n'existe pas dans l'article 2023. Aussi faut-il décider que la caution doit indiquer à son créancier les meubles aussi bien que les immeubles.

Le Code ne s'explique pas, non plus, sur la manière dont doit être faite cette indication. La caution doit-elle indiquer en une seule fois les biens qui doivent être discutés par le créancier, ou peut-elle les indiquer successivement ? Ce point était réglé, dans notre ancienne jurisprudence, par les arrêts de Lamoignon (*Titre du Disc.*, art. 9). Ces arrêts décidaient que l'indication devait avoir lieu en une seule fois.

Il semble que la question doit être résolue de la même façon dans notre Droit moderne. En effet des indications successives retarderaient beaucoup le paiement du créancier et il a dû être dans l'esprit des rédacteurs du Code de lui rendre ce bénéfice aussi peu onéreux que possible.

Les biens indiqués par la caution doivent remplir certaines conditions qui, toutes, ont pour but de rendre la discussion facile pour le créancier. L'article 2023 nous dit, en effet, qu'ils doivent être situés dans le ressort de la Cour d'appel du lieu où le paiement doit être fait. Cette première condition était déjà nécessaire avant la rédaction du Code. Lamoignon exigeait, en effet, que les biens fussent situés dans le ressort du parlement du lieu où les parties devaient exécuter leur engagement. Pothier exigeait seulement que les biens ne fussent pas situés hors du royaume.

La caution ne doit pas non plus indiquer des biens litigieux. Ici se présente une difficulté. L'article 2023, ne nous dit pas ce qu'il faut entendre par des biens litigieux et l'on se demande dans quel sens ces mots doivent être compris ? L'article 1700 nous dit qu'un droit est litigieux lorsqu'il y a procès et contestation sur le fond même de ce droit. Mais cet article s'applique à l'hypothèse toute spéciale d'un retrait litigieux qui n'a au-

cun rapport avec celle qui nous occupe. Le but du législateur, en interdisant aux cautions l'indication de biens
litigieux, a été d'éviter au créancier la discussion de
biens sur lesquels les droits du débiteur pouvaient être
contestés. Or une contestation est possible sans même
qu'un procès soit engagé entre les parties et, à plus
forte raison, sans que ce procès porte sur le fond du
droit. Les mots *biens litigieux* doivent, par conséquent
être entendus d'une façon plus large dans cette hypothèse que dans l'espèce prévue par les articles 1699 et
1700. Au cas de désaccord entre les parties sur le point
de savoir si le bien indiqué par la caution est litigieux
les juges sont appelés à résoudre la difficulté.

Le Code nous cite enfin, parmi les biens qui ne peuvent être indiqués par la caution, les biens hypothéqués à la dette qui ne se trouvent pas en la possession
du débiteur principal. C'est au Droit romain qu'il faut
remonter pour trouver les origines de cette exception,
qui n'existait pas en Droit coutumier. Elle ne fut du
reste pas admise, sans difficulté, dans notre Code. De
nombreux jurisconsultes, en particulier le tribun Goupil-Prefeln, disaient que les biens hypothéqués ne devaient pas être écartés de la discussion pour ce seul fait
qu'ils n'étaient plus en la possession du débiteur principal. Mais leur opinion ne prévalut pas. On craignit
que la faculté accordée à la caution d'exiger la discussion des biens qui ne se trouvaient pas en la possession
du débiteur principal, ne fut cause de très grandes dif-

ficultés pour le créancier. Aussi, refusa-t-on à la caution le droit d'exiger la discussion des biens hypothéqués à la dette, lorsque ces biens ne se trouvaient pas en la possession du débiteur.

c) *Avance des frais.* — L'article 2023, après avoir exigé de la caution l'indication des biens à discuter, l'oblige à faire l'avance des frais nécessaires pour cette discussion. Cette avance n'était nécessaire dans notre ancien droit que pour la discussion des biens immobiliers « *qui ne pouvait avoir lieu sans grands frais* » (Pothier, *Obligations*, tome I, n° 403). Le Code civil oblige le garant à faire cette avancé pour la discussion des meubles aussi bien que pour celle des immeubles. Mais cette obligation imposée à la caution ne fut pas admise sans difficulté par tous les rédacteurs du Code. Goupil-Prefeln, en particulier, disait que rien ne justifiait une telle rigueur car la caution, en contractant son obligation, avait servi à la fois les intérêts du débiteur principal et ceux du créancier. Ce dernier devait, par conséquent, s'efforcer de lui rendre peu onéreuse l'exécution de sa promesse. Or, l'obligation pour la caution de faire l'avance des frais peut l'empêcher d'opposer le bénéfice de discussion si elle n'est pas en possession des fonds nécessaires pour cette avance. Elle se verra donc privée des avantages du bénéfice de discussion alors qu'il serait très facile au créancier de lui éviter toute poursuite, en agissant d'avance, à ses frais, contre le débiteur principal. Les partisans de cette opinion se demandaient, en outre, qui serait chargé d'évaluer les frais nécessaires pour la poursuite du débiteur principal et où devraient être déposées les sommes avancées dans ce but?

Cette opinion n'a pas prévalu, comme le prouve la rédaction de l'article 2023 du Code civil. Les rédacteurs du Code ont, d'après l'avis de Chabot, obligé la caution à faire l'avance des frais. Le bénéfice de discussion, en effet, a été établi exclusivement dans l'intérêt de la caution. Il est donc bien juste qu'elle supporte les frais nécessaires pour profiter des avantages de ce bénéfice. Quant à l'objection soulevée par Goupil Prefeln sur la difficulté de savoir qui devait fixer le montant de ces avances, les rédacteurs du Code répondirent que cette question secondaire serait réglée par le Code de procédure. Le même Code devait également désigner le lieu où l'on déposerait les fonds ainsi avancés.

Malheureusement, nous ne trouvons, dans le Code de procédure, aucune allusion à ces deux questions. En pratique, lorsque les parties ne peuvent s'accorder sur le montant de ces frais, les juges devront décider. La somme ainsi fixée est généralement déposée entre les mains de l'avoué du créancier poursuivant. Les tribunaux ordonnent, quelquefois, de verser cette somme à la caisse des dépôts et consignations.

§ 4. — *Effets du bénéfice de discussion.*

Il nous reste à examiner quels sont les effets du bénéfice de discussion et quels avantages en résultent pour la caution. Celle-ci, en opposant ce bénéfice, obtient sûrement un délai pour l'exécution de sa promesse.

Tel est le seul résultat obtenu par la caution lorsque la discussion du débiteur principal a fait constater son insolvabilité absolue. La caution sera, dans ce cas, tenue de satisfaire à ses engagements. La preuve de cette insolvabilité est à la charge du créancier. Il fera cette preuve en produisant un procès-verbal de carence si le débiteur ne possédait aucun bien. Si le débiteur principal, sans être complètement insolvable, n'est pas à même de désintéresser complètement le créancier, la caution reste tenue au paiement de la différence. Mais le créancier devra encore prouver qu'il n'a pu obtenir son paiement intégral. Au cas où le créancier aura hypothèque sur les biens du débiteur, l'insolvabilité de celui-ci sera prouvée par les procès-verbaux de collocation constatant que le créancier n'a pas été colloqué en rang utile.

Il se peut, au contraire, que le prix de la vente des biens du débiteur principal suffise à procurer au créancier son paiement intégral. Dès lors celui-ci n'a plus rien à exiger de la caution qui se trouve ainsi libérée.

Aucune difficulté ne se présente dans ces deux hypothèses, mais la question devient plus embarrassante lorsque le débiteur, n'étant pas complètement insolvable, peut acquitter une partie de sa dette. Dans cette hypothèse, la difficulté est de savoir comment doit se faire l'imputation des paiements. Nous examinerons diverses espèces qui, à première vue paraissent embarrassantes. Supposons, par exemple, que le débiteur principal d'une dette, comprenant le capital et les intérêts, ait présenté une caution qui a seulement garanti le paiement du capital. Le créancier qui, après discussion du débiteur principal, n'a pu obtenir que le paiement des intérêts pourra-t-il agir ensuite contre la caution pour la totalité du capital? Cette question doit évidemment être résolue dans le sens de l'affirmative.

L'article 1254 pose en effet cette règle générale en matière d'imputation de paiements que les sommes versées doivent s'imputer d'abord sur les intérêts, et ensuite sur le capital. Si l'on applique cette règle, on voit que, dans notre espèce, les intérêts sont bien payés, mais le capital reste dû. La caution s'est engagée au paiement de ce capital, à défaut du débiteur principal. Or ce dernier étant insolvable, elle devra exécuter sa promesse. Ce système était également admis en droit romain.

Des difficultés du même ordre peuvent être soulevées, même lorsqu'il ne s'agit pas d'une créance comprenant le capital et les intérêts. Une caution, au lieu de garantir le paiement de la totalité d'une dette, ne s'est engagée que pour une partie. La discussion du débiteur principal n'a, nous le supposons, procuré au créancier qu'une somme au moins égale à la partie de la dette garantie par la caution. Celle-ci pourra-t-elle être poursuivie pour le paiement de ce qui reste dû par le débiteur principal ?

Le *Parlement de Paris* avait décidé, dans notre ancien droit, que la caution était libérée. Cet arrêt était motivé par le fait que la dette cautionnée, étant la plus onéreuse, devait être acquittée la première, en vertu des règles admises pour l'imputation des paiements. Ce principe a été reproduit par l'article 1256 du Code civil, mais il n'y a pas lieu de l'appliquer, dans l'espèce qui nous occupe. En effet, l'article 1256 prévoit l'hypothèse de deux dettes distinctes, tandis que, dans notre espèce, il s'agit d'une seule dette qui n'a pas été entièrement payée. Or, la caution s'est engagée précisément pour éviter au créancier les risques de l'insolvabilité du débiteur principal. Elle devra, par conséquent, désintéresser le créancier dans les limites de l'engagement qu'elle a contracté envers lui. La question s'est, du reste, présentée devant la Cour de cassation qui, par un arrêt en date du 12 janvier 1857, l'a résolue dans le sens que nous venons d'indiquer.

Le second effet produit par le bénéfice de discussion est de rendre le créancier responsable vis-à-vis de la caution, qui a désigné les biens à discuter et fourni l'avance des frais, de l'insolvabilité du débiteur survenue par le défaut de poursuites. Tels sont, à peu près, les termes par lesquels l'article 2024 du Code civil tranche une question qui avait soulevé de nombreuses difficultés dans notre ancien Droit. D'après l'opinion générale, le créancier ne devait pas supporter l'insolvabilité du débiteur principal même s'il s'était montré négligent. Tel était l'avis de Pothier. Ce jurisconsulte disait que, le bénéfice

de discussion ayant été emprunté par le Droit français à
la Novelle IV de Justinien, on devait mettre en pratique
les principes admis en Droit romain. Or, la Novelle IV
avait simplement pour but de retarder les poursuites du
créancier contre la caution. Celle-ci n'avait pas le droit
d'invoquer la négligence du créancier, si le débiteur devenait insolvable.

Ce système, admis par Pothier, lui paraissait d'autant
plus équitable, qu'il permettait à la caution d'agir contre
le débiteur principal, même sans attendre d'être poursuivie par le créancier. Rien ne lui était donc plus facile
que d'éviter les risques de l'insolvabilité du débiteur
principal. D'un autre côté, l'avance des frais, rendue obli-
gatoire par le Code pour toute caution qui invoque le
bénéfice de discussion, n'avait lieu qu'exceptionnellement dans notre ancien Droit. On pouvait donc mieux
justifier alors la responsabilité de la caution que sous
l'empire du Code. Une coutume admettait, cependant, la
même solution que le Code, c'était la coutume de Bretagne qui s'exprimait en ces termes dans son article 192 :
« *Toutes les fois que la caution a fait l'indication des biens
autorisés par l'article précédent et qu'elle a fourni les deniers suffisants pour la discussion, le créancier est, jusqu'à concurrence des biens indiqués, responsable, à l'égard
de la caution, de l'insolvabilité du débiteur principal survenue par le défaut de poursuites* ». Guy Coquille était,
dans notre ancien droit, un des rares jurisconsultes qui
avaient adopté le système de la coutume de Bretagne.

Ce système fut également admis par les rédacteurs du Code, comme le prouve l'article 2024. Mais la rédaction de cet article donna lieu à de nombreuses discussions auxquelles le premier consul prit part en personne. Cambacérès était d'avis que l'insolvabilité du débiteur principal devait, dans tous les cas, être supportée par le créancier. D'autres jurisconsultes pensaient qu'il fallait faire une distinction entre le cas où le créancier-avait accepté les avances destinées à la discussion du débiteur principal et celui où la caution s'était contentée de consigner les deniers. Dans ce dernier cas, la responsabilité de la caution subsistait. Au contraire, lorsque le débiteur principal devenait insolvable, après l'acceptation des deniers par le créancier, celui-ci devait supporter les conséquences de son insolvabilité. Cette théorie ne fut pas admise et, sur l'avis du jurisconsulte Tronchet, les rédacteurs du Code adoptèrent définitivement le principe admis par la *Coutume de Bretagne*. On n'introduisit même pas dans l'article 2024 une clause qui avait été proposée par le premier Consul, en vertu de laquelle la caution serait demeurée responsable pendant trois mois si, le créancier ayant refusé d'accepter les deniers, elle les avait consignés. La pensée du premier Consul était d'éviter toute fraude de la part de la caution qui aurait pu consigner les deniers, sachant le débiteur principal au moment de devenir insolvable. Le créancier se serait alors vu dans l'impossibilité de prévenir cette insolvabilité. Mais la fraude redoutée par le premier consul n'est pas à craindre, car les tribunaux seront toujours chargés de décider s'il y a eu négligence de la part du créancier. En admettant même que celui-ci se fut montré négligent, il ne serait pas responsable, si l'insolvabilité résultait d'une cause antérieure à l'époque où il a reçu l'avance des frais.

En un mot, il résulte de la théorie admise dans notre Code, que le créancier qui a reçu l'avance des frais est devenu, en quelque sorte, le mandataire de la caution. Il devra poursuivre, en cette qualité, le débiteur principal, et, c'est à ce titre, qu'il pourra être rendu responsable de ses négligences.

Après avoir posé le principe de cette responsabilité du créancier, l'article 2024 en précise les conséquences, en disant que le créancier n'est responsable que jusqu'à concurrence de la valeur des biens indiqués. Si l'on admet, par conséquent, que la négligence du créancier ait été reconnue par les tribunaux, la caution n'en sera pas moins tenue au paiement de tout ce que la discussion du débiteur principal n'aurait pu procurer au créancier s'il s'était montré diligent. Le créancier n'est, en un mot, responsable que du préjudice occasionné à la caution par sa négligence et la caution devra faire la preuve de l'étendue de ce préjudice.

Une difficulté soulevée à propos de l'interprétation de l'article 2024 a été résolue par un arrêt de la Cour de cassation du 8 avril 1835. Un créancier, requis par la caution de faire la discussion du débiteur principal, s'était contenté de faire vendre les immeubles sur lesquels il avait des hypothèques et avait négligé de discuter les autres immeubles avant que le débiteur ne devînt insolvable. La Cour de Pau, décida, dans cette hypothèse, que le créancier devait être responsable du défaut de poursuites. Le créancier se pourvut en cassation contre cet arrêt, sous prétexte qu'il s'était conformé à la règle établie par l'article 2209 en vertu duquel : « *Le créancier ne peut poursuivre la vente des immeubles qui ne lui sont pas hypothéqués que, dans le cas d'insuffisance des biens qui lui sont hypothéqués.*

La Cour de cassation rejeta le pourvoi et décida que la Cour de Pau avait bien jugé en déclarant le créancier responsable.

CHAPITRE II

DU BÉNÉFICE DE DIVISION.

§ 1. — Origine.

Nous avons vu que, dans le premier état de la législation romaine, chacun des *adpromissores* était tenu pour la totalité de la dette. La loi Furia avait remédié à cet état de choses, en divisant la dette entre chacun des *sponsores* et *fidepromissores* vivants, au jour de l'échéance. Nous avons vu enfin qu'un rescrit de l'empereur Adrien vint accorder le bénéfice de division proprement dit aux fidéjusseurs, sorte *d'adpromissores*, qui n'existaient pas encore à l'époque de la loi Furia. D'après ce rescrit, la division qui avait lieu de plein droit sous l'empire de la loi Furia devait être invoquée par le fidéjusseur poursuivi.

Les anciens jurisconsultes suivirent les principes établis par l'empereur Adrien. Le bénéfice de division était accordé aux cautions dans nos anciennes coutumes. Mais, pour pouvoir profiter de ce bénéfice, les cautions devaient l'opposer sous forme d'exception lors des poursuites du créancier. Ce système fut également admis par les rédacteurs du Code. L'article 2025 pose, en effet, la

10

règle suivante : « *Lorsque plusieurs personnes se-sont rendues cautions d'un même débiteur, pour une même dette, elle sont obligées chacune à toute la dette* ».

Mais la rigueur de cette règle est immédiatement adoucie par l'article 2026 qui donne à la caution le droit d'exiger : « *que le créancier divise préalablement son action et la réduise à la part et portion de chaque caution* » La rédaction de cet article fut admise sans difficulté, devant le Conseil d'État, mais donna lieu à de nombreuses discussions, lorsque le projet fut soumis au Tribunat. Pour repousser cette rédaction des articles 2025 et 2026, certains jurisconsultes invoquaient l'article 1202. Cet article, prévoyant l'hypothèse où plusieurs personnes s'engagent conjointement pour un seul et même acte, décide qu'elles ne seront pas tenues pour le tout, à moins de stipulation expresse. La division a donc lieu, de plein droit, lorsqu'il s'agit de débiteurs ordinaires et l'on ne s'explique pas le but du législateur en obligeant la caution à réclamer cette division. On comprendrait plutôt, disaient les adversaires du système admis par le Code, que l'on refuse absolument le bénéfice de division aux cautions. Mais, du moment que ce bénéfice leur est accordé, il est difficile de s'expliquer que les cautions soient, au point de vue de ce bénéfice, traitées plus rigoureusement que les débiteurs ordinaires. On faisait remarquer, en outre, combien est singulière la rédaction des deux articles, objets de la discussion. En lisant l'article 2026, on pourrait croire que chacune des cautions est toujours obligée au paiement total de la dette. Il résulte, au contraire, de cet article qu'il suffit à la caution d'opposer le bénéfice de division pour n'être jamais tenue que pour sa part et portion virile. L'article 2026 accorde, par le fait, à la caution un bénéfice qui semble lui être refusé par l'article précédent. Il eut donc été préférable de substituer, à ces deux articles, la rédaction suivante, proposée vainement par quelques membres du Tribunat. « *Lorsque plusieurs personnes se sont rendues cautions du même débiteur, pour la même dette, si elles ne sont pas engagées solidairement, chacune d'elles n'est tenue que de sa part et portion de la dette sans être garantie de l'insolvabilité ni de l'incapacité des autres cautions.* ».

Mais cette opinion ne prévalut pas. Pour justifier la différence établie entre la caution et les débiteurs ordinaires, on disait que, dans le cas prévu par l'article 1202, les débiteurs ne s'étant pas expliqués sur le point de savoir s'il entendaient s'obliger pour le tout, le doute devait être interprété en leur faveur. Au contraire, la définition du cautionnement donnée par l'article 2011 du Code civil prouve qu'il est de la nature de ce contrat que les parties soient tenues *in solidum*. Ces cautions ayant gardé le silence, lors de leur engagement, on devait en conclure qu'elles avaient voulu s'engager, chacune, pour toute la dette. A cet argument, on ajoute, que le système admis par l'ancienne jurisprudence était conforme à celui adopté par les articles 2025 et 2026. Pothier (Traité des obligations) et Domat décidaient en effet que le bénéfice de division n'avait pas lieu de plein droit mais devait être réclamé par la caution. On répond facilement à l'argument tiré de l'article 2011 en faisant observer que cet article prévoit l'hypothèse d'une dette principale garantie par un seul fidéjusseur. Dans cette hypothèse, la caution sera évidemment tenue d'acquitter la totalité de la dette, mais, il ne résulte nullement de cet article, que la dette ne doive pas se diviser entre les cautions. Cependant, malgré une vive résistance opposée par les membres du Tribunat, l'opinion des législateurs du Conseil d'Etat l'emporta définitivement. On maintint la rédaction des articles 2025 et 2026.

Doit-on conclure de ces articles qu'il existe une solidarité parfaite entre les différentes cautions d'un même débiteur ? Cette question est importante. Si l'on admet que les cautions doivent être traitées comme des débiteurs solidaires, on devra leur appliquer tous les articles du code qui règlent la situation de ces débiteurs. Il faudra décider, par conséquent, que la prescription interrompue à l'égard de l'une des cautions sera interrompue à l'égard des autres ; que la demande d'intérêts intentée contre l'une fera courir les intérêts à l'égard de toutes.

Certains auteurs (Troplong, *Cout.*, n° 291), ont admis ces conséquences et soutenu qu'il existait un véritable lien de solidarité entre les cautions. Ils basent leur opinion sur la similitude des termes employés par l'article 1200 qui règle la situation des débiteurs solidaires

et par l'article 2025 qui détermine l'étendue de l'obligation des cautions. Ces articles s'appliquent tous deux, disent les partisans de cette opinion, à des débiteurs obligés
au paiement total de la dette.

Dans les deux hypothèses, le paiement fait par l'un
des débiteurs libère tous les autres. On doit donc appliquer aux cautions dont la situation est réglée par l'article 2025 les articles 1205, 1206 et 1207 qui ne sont que
la conséquence de l'article 1200. A cet argument de texte,
on peut ajouter un argument historique, car Domat, dans
notre ancien droit, qualifiait les cofidéjusseurs de débiteurs solidaires.

Ce système est cependant repoussé par la plupart des
auteurs qui réfutent facilement les arguments que nous
venons d'indiquer. Il est facile de se convaincre, en effet,
qu'il n'y a aucun rapport entre l'hypothèse prévue par
l'article 2025 et l'article 1200. Ce dernier article nous
parle de débiteurs qui, sur la poursuite du créancier,
sont obligés de payer la totalité de la dette, sans pouvoir
opposer aucune exception. Les cautions, au contraire,
peuvent opposer au créancier le bénéfice de division qui
leur permet de payer seulement leur part et portion virile. Il n'est donc pas exact de dire que les articles 1200
et 2025 ont été écrits en vue d'hypothèses analogues.
Remarquons, en outre, que la solidarité, produisant des
conséquences rigoureuses pour les débiteurs, le Code a
décidé qu'elle ne se présumerait pas et devrait être expressément stipulée. Par conséquent, si les cautions

n'ont pas déclaré, lors de leur engagement, qu'elles entendaient être tenues solidairement, on ne devra pas leur appliquer les conséquences rigoureuses de la solidarité. Le créancier aura seulement le droit de réclamer à chacune d'entre elles la totalité de la dette, sauf à se voir opposer le bénéfice de division.

§ 2. — *Quelles cautions peuvent invoquer le bénéfice de division.*

Dans le Droit romain et dans notre ancien Droit certaines cautions étaient privées du bénéfice de division. Une caution avait-elle commencé par nier l'existence de son engagement lors de la poursuite du créancier, elle ne pouvait opposer ensuite le bénéfice de division en vertu du principe que « *Inficiantibus auxilium divisionis non est indulgendum* ».

La caution judiciaire était privée, en Droit romain, du bénéfice de division. Basnage et Pothier étaient aussi d'avis de refuser à la caution judiciaire le droit d'invoquer ce bénéfice. Mais ces deux exceptions n'ont pas été reproduites par les rédacteurs du Code qui se sont contentés de refuser à la caution judiciaire le bénéfice de discussion, sans faire aucune allusion au bénéfice de division.

Ce bénéfice est accordé à toute les cautions ; l'article 2026 le refuse seulement aux cautions qui y ont renoncé. Cette renonciation peut avoir lieu de deux façons différentes. La caution peut, en contractant son obligation, s'engager expressément à ne pas opposer au créancier le bénéfice de division. En fait, le créancier exigera presque toujours cette renonciation, ce qui rendra peu fréquent l'usage du bénéfice de division.

Une renonciation expresse n'est cependant pas nécessaire, pour faire perdre à la caution le bénéfice de division ; on admet une renonciation tacite. La caution renonce implicitement au bénéfice de division lorsqu'elle déclare s'engager solidairement, soit avec les autres cautions, soit avec le débiteur principal. Le Code ne dit pas formellement que la caution, qui s'engage dans ces conditions, perd tous ses droits au bénéfice de division, mais cette déchéance résulte de l'article 2021 qui assimile la caution solidairement obligée, aux débiteurs solidaires. Or les débiteurs solidaires ne pourront jamais opposer le bénéfice de division, et ce bénéfice devra également être refusé aux cautions solidairement obligées. La caution qui s'engage solidairement avec ses cofidéjusseurs, perd seulement ses droits au bénéfice de division. Le fait de s'engager solidairement avec le débiteur principal produirait des conséquences bien plus rigoureuses pour la caution, qui se verrait privée à la fois de ses deux bénéfices de discussion et de division.

§ 3. — *A quelles conditions la caution peut-elle invoquer le bénéfice de division.*

A. — *Nécessité de la validité de l'obligation des cautions entre lesquelles le bénéfice est invoqué.*

Le bénéfice de division étant une faveur accordée aux

cautions, pourra seulement être invoqué par les débiteurs ayant véritablement cette qualité. En supposant,
par conséquent, une dette garantie par deux cautions,
si l'engagement contracté par l'une d'entre elles est radicalement nul, le second fidéjusseur ne pourra opposer
le bénéfice de division, sur les poursuites du créancier.
Cette hypothèse ne présente aucune difficulté. L'engagement du premier fidéjusseur n'ayant aucune valeur,
ou se trouve en présence d'une obligation principale garantie par une seule caution. Il n'y a donc pas possibilité d'invoquer le bénéfice de division.

La question devient plus délicate si l'engagement de
la caution, au lieu d'être radicalement nul, est simplement annulable si, par exemple, l'engagement accessoire a été contracté par un mineur ou une femme mariée non autorisée. Pothier pensait que la question devait
être résolue de la même façon que dans l'hypothèse
d'une obligation radicalement nulle. L'opinion de Pothier a été adoptée dans notre droit moderne par Troplong. Cet auteur est d'avis que la caution ne peut exiger
que la dette soit divisée entre elle et la caution dont l'engagement est annulable. Il justifie son opinion, en disant que le créancier qui reçoit plusieurs cautions, a
précisément pour but d'éviter les risques de rescision
de l'engagement de l'une des cautions. La majorité des
auteurs est cependant d'avis contraire. (Pont, *Tome* II,
n° 208. Laurent, *Du cautionnement*, n° 230). L'article
2026 dit en effet que la dette doit être divisée entre tou-

tes les cautions solvables. Or, dans l'hypothèse que nous étudions, le débiteur accessoire dont l'obligation est rescindable conserve la qualité de caution tant que son engagement n'a pas été annulé. Les cofidéjusseurs pourront, par conséquent, exiger que le créancier le poursuive pour sa part. Mais le créancier conservera le droit de recourir, plus tard, contre les autres cautions si celle dont l'obligation était annulable obtenait la rescision de son engagement.

Une solution identique s'imposerait dans le cas où plusieurs cautions seraient engagées, les unes purement et simplement, les autres à terme ou sous condition. Les fidéjusseurs qui se sont engagés purement et simplement ne seront tenus que pour leur part jusqu'à l'arrivée du terme ou jusqu'à la réalisation de la condition de laquelle dépend l'engagement de leurs cofidéjusseurs. Mais, si cette condition ne se réalisait pas ou si, lors de l'échéance, les cautions qui s'étaient engagées à terme se trouvaient insolvables le créancier pouvait, comme dans l'hypothèse précédente, réclamer aux cautions engagées purement et simplement la part de leurs cofidéjusseurs dans la dette.

B. — Pour pouvoir opposer le bénéfice de division, les cautions doivent s'être engagées pour le même débiteur et pour la même dette. En conséquence, si l'on suppose qu'une caution a, elle-même, fait garantir son engagement par d'autres personnes qu'on appelle, dans la pratique, des certificateurs de cautions, ces derniers pourront bien invoquer entre eux le bénéfice de division mais ne sauraient l'invoquer entre eux et la caution puisqu'ils ne se trouvent pas garantir le même débiteur, la caution garantissant le débiteur principal originaire, tandis qu'eux ne sont que les cautions de la caution. De même, les certificateurs ne sauraient invoquer le bénéfice de division entre eux et les certificateurs d'une co-caution puisqu'ils ne garantissent pas le même débiteur. D'ailleurs le certificateur de caution pourra lui-même invoquer le bénéfice de division que celui qu'il garantit pouvait invoquer. Le même principe, qu'il faut, pour opposer le bénéfice de division, être caution, d'un même débiteur empêchera les cautions de différents débiteurs solidaires d'opposer entre elles le bénéfice de division puisqu'elles garantissent bien une même dette, mais non pas les mêmes débiteurs.

Certains auteurs se fondant sur ce que, dans leur pensée, le bénéfice de division a été accordé aux co-cautions parce qu'elles ont dû compter l'une sur l'autre, en déduisent que lorsque les engagements des cautions n'ont pas été pris conjointement, mais séparément, de telle façon, que les premiers qui se sont engagés ne peuvent prétendre avoir compté sur les cautions qui se sont engagées postérieurement, le bénéfice de division ne saurait être admis. Cette opinion, soutenue par M. Duranton (*Tome* XVII, *n°* 346) n'a pas été adoptée. Le bénéfice de division n'est pas fondé, en effet, sur cette considération que les cautions ont dû compter les unes sur les autres, mais uniquement, sur une considération, toute de faveur, et, rien, dans le texte du Code civil, ne nous permet de faire la distinction entre les cautions conjointes ou non. L'article 206 nous dit, en effet, que « *chacune des cautions peut, à moins qu'elle n'ait renoncé au bénéfice de division, exiger que le créancier divise préalablement son action et la réduise à la part et portion de chaque caution.* » Cet article ne fait aucune distinction entre l'hypothèse où les cautions se sont engagées conjointement et celle où elles se sont engagées les unes après les autres. Exiger un engagement conjoint de la part des cautions, pour leur accorder le bénéfice de division, ce serait exagérer encore la rigueur de la loi ; aussi, MM. Delvincourt et Ponsot et, avec eux, la majorité des auteurs repoussent-ils le système proposé par M. Duranton, pour s'en tenir strictement au texte de l'article 2025.

C. — Il est indispensable que les cautions entre lesquelles le bénéfice de division est invoqué soient solvables. Il ne faut pas que la faveur accordée à la caution tourne au détriment du créancier. Il serait inique que ce dernier perdît la possibilité de recevoir un paiement intégral. La première question qui se pose est celle de savoir quand on devra considérer la caution comme solvable. La caution sera solvable lorsqu'elle sera reconnue capable d'acquitter la portion de la dette qui lui incombera, après la répartition résultant du bénéfice de division invoqué par sa co-caution. On ne tiendra compte, pour apprécier sa solvabilité, que de ses immeubles non litigieux. Toutefois, comme le faisait notre ancienne jurisprudence, nous déciderons que, si la caution a fait garantir son engagement par des certificateurs de caution, elle devrait être considérée comme solvable.

Pothier, refusait de considérer comme solvables les cautions domiciliées à l'étranger, n'ayant pas de biens en France, en raison de la difficulté qu'aurait eu le créancier à poursuivre un semblable débiteur. Nous considérons cette opinion comme trop absolue et nous croyons que les tribunaux devraient juger en fait s'il n'en résultait pas un trop grand détriment pour le créancier.

Nous avons supposé, jusqu'ici, une caution dont l'insolvabilité était absolue et ne faisait de doute pour personne. Nous avons vu que, dans cette hypothèse, les co-fidéjusseurs de cette caution n'étaient pas admis à invoquer le bénéfice de division. Mais il peut arriver que l'insolvabilité d'une caution, sans être absolument certaine, paraisse probable au créancier. On se demande si, dans cette hypothèse, les cautions qui seront à même de s'acquitter, devront faire la preuve de la solvabilité de leurs co-cautions, pour pouvoir profiter du bénéfice de division.

Le Code civil a obligé les cautions qui réclament la discussion du débiteur principal, à prouver la solvabilité de ce dernier. Nous ne trouvons, dans le Code, aucune exigence de cette nature quand il s'agit du bénéfice de division qui est accordé à la caution par l'article 2026.

Il faudra donc se conformer au droit commun et décider que les créanciers qui prétendront une caution insolvable seront tenus de faire la preuve de cette insolvabilité. Les cautions seront, par conséquent, présumées solvables, jusqu'à preuve contraire, et l'on suivra les principes admis dans notre ancien droit qui décidait que : « *Tous les fidéjusseurs étaient censés solvables* » (Pothier). Les cautions poursuivies pourront obtenir de ne payer que leur part virile, même dans l'hypothèse où la solvabilité de leur co-caution est douteuse. Mais cette division ne devra leur être accordée qu'à titre provisoire. Le créancier qui n'aura pu se faire payer par la caution dont il a objecté l'insolvabilité pourra recourir ensuite contre les autres cautions provisoirement admises à ne payer que leur part. Celles-ci devront également le dédommager de tous les frais occasionnés par les poursuites vainement intentées contre des cautions insolvables. Remarquons, à ce propos, que la caution qui invoque le bénéfice de division n'est jamais tenue de faire l'avance des frais de justice nécessaires pour la poursuite de ces cofidéjusseurs.

Nous avons vu, au contraire, que la caution qui exige la discussion du débiteur principal doit indemniser préalablement le créancier de tous les frais de justice que lui occasionnera cette poursuite.

Etant donné ce principe que la division ne peut avoir lieu qu'entre les cautions solvables, nous devons nous demander à quelle époque il faut se placer pour apprécier cette solvabilité ? A Rome la dette devait se diviser entre toutes les cautions solvables, au jour de la *litis contestatio*. Cette phase de procédure n'existant pas dans notre droit moderne, l'article 2026 a décidé que la solvabilité des cautions devait être appréciée « *dans le temps où une des cautions a fait prononcer la division* ». Cette rédaction de l'article 2026 ne laisse planer aucun doute sur les intentions du législateur. Cependant, certains auteurs ont prétendu que le texte de cet article devait être modifié. Il suffit, nous disent ces auteurs, que la caution contre laquelle la division est demandée soit solvable « *dans le temps où l'une des cautions a demandé la division* ». Les partisans de ce système s'appuient d'abord sur ce fait que, les jugements étant déclaratifs et non pas attributifs de droits, il est naturel de se reporter au jour de la demande. Si l'on décidait conformément au texte du Code, on pourrait craindre que le créancier ne fasse tous ses efforts pour retarder le prononcé du jugement.

Il nous paraît cependant préférable de s'en tenir strictement au texte de l'article 2026, dont les termes décident, formellement, que la solvabilité doit s'apprécier au jour où le jugement est prononcé. Mais il faut reconnaître que, dans ce texte, le Code a fait une exception au principe que les jugements sont déclaratifs de droits dans notre procédure moderne. Cette dérogation s'explique fort bien, d'ailleurs. Si, en droit commun les jugements sont déclaratifs cela tient à ce que le Tribunal

est, en général, appelé à constater des droits qui existaient déjà au jour de la demande. Ici, au contraire, le
Tribunal crée une situation nouvelle, fixe la participa-
tion de la caution dans la dette eu égard à la situation
actuelle de ses co-cautions. Du reste, toutes les insolvabilités survenues depuis le prononcé du jugement seront à la charge du créancier.

D. — En admettant la réunion des différentes conditions que nous venons d'énumérer, ce bénéfice n'a pas
lieu de plein droit, mais doit être réclamé par la caution.
Il est, du reste, des circonstances où cette dernière
n'aura aucun intérêt à invoquer le bénéfice de division.
Si l'on suppose, par exemple, deux cautions dont l'une
est complètement insolvable, il sera évidemment plus
avantageux pour l'autre caution de ne pas opposer le
bénéfice de division qui aurait seulement pour résultat
de l'obliger à supporter les frais d'une poursuite inutile
contre son cofidéjusseur.

Nous avons vu, en étudiant le bénéfice de discussion,
que la caution devait l'opposer sur les premières poursuites du créancier, mais le Code ne nous donne aucune
indication sur l'époque où le bénéfice de division peut
être valablement invoqué. Notre ancienne jurisprudence
considérait l'exception de division comme une exception préparatoire « *puisqu'elle avait pour but d'exclure
entièrement l'action du créancier, contre celui qui l'opposait, pour la part de ses cofidéjusseurs.* » De ce caractère, attribué à l'exception de division, on concluait

qu'elle pouvait être opposée en tout état de cause par la caution.

On a soutenu que les rédacteurs du Code n'avaient pas admis ce principe de notre ancien droit et voulaient que le bénéfice de division fut opposé sur les premières poursuites. Les partisans de cette opinion s'appuient sur le texte de l'article 2026 en vertu duquel la caution doit exiger « *que le créancier divise préalablement son action.* » Mais cet article a simplement pour but de déterminer les droits de la caution poursuivie et ne signifie nullement que le bénéfice de division doit être invoqué sur les premières poursuites du créancier. Il est donc probable que les rédacteurs du Code ont entendu maintenir le système de notre ancienne jurisprudence. Cette opinion est rendue plus vraisemblable encore, si l'on considère que le bénéfice de division a conservé, dans notre droit moderne, son caractère d'exception péremptoire. On doit donc, nous semble-t-il, décider que la caution pourra opposer son bénéfice de division, en tout état de cause, c'est-à-dire tant qu'il n'existera pas contre elle de jugement en dernier ressort ou passé en force de chose jugée. Il est du reste certain que la caution n'attendra pas si longtemps pour opposer son exception. Elle est intéressée en effet à l'invoquer le plus tôt possible afin de faire prononcer la division par le juge, avant que ses co-cautions ne deviennent insolvables.

Si, au lieu d'intenter des poursuites judiciaires, le créancier agissait contre la caution par des moyens extra-judiciaires, celle-ci pourrait, à notre avis, opposer le bénéfice de division tant qu'elle n'aurait pas payé la totalité de la dette.

Ce point étant admis que le bénéfice de division n'a pas lieu de plein droit, mais doit être réclamé par la caution, une autre question se présente. La caution pourrait-elle prendre les devants et payer au créancier sa part dans la dette sans attendre d'être poursuivie par lui? Il serait en effet avantageux pour elle de faire ce paiement anticipé car elle pourrait ainsi se libérer de son obligation et éviter les risques de l'insolvabilité de ses cofidéjusseurs. Cette question était résolue négativement dans notre ancien droit. Doneau (*Opera*, T. IX, page 1317, n° 2) et Pothier décidaient en effet que les cautions ne pouvaient, avant d'être poursuivies, obliger leur créancier à recevoir un paiement partiel. Dumoulin refusait ce droit aux cautions même quand elles avaient spécifié, en s'engageant, leur volonté de ne garantir qu'une partie de la dette. Dumoulin se fondait sur le principe que le créancier ne pouvait être tenu de recevoir un paiement partiel. Mais il n'y a pas lieu, dans cette dernière hypothèse, à l'application de ce principe. La caution, dans cette hypothèse, n'offre pas un paiement partiel mais le payement intégral de ce qu'elle doit puisqu'elle s'est engagée à payer une partie de la dette et non la totalité.

Au contraire, si, lors de leur engagement, les cautions

n'ont fait aucune restriction, elles doivent la totalité de la dette qu'elles ont garantie et, en offrant au créancier le paiement de leur part virile, elles tombent sous le coup de la règle qui permet au créancier de refuser un paiement partiel.

Les rédacteurs du Code ne se sont pas expliqués sur ce point mais l'on doit évidemment appliquer, dans notre droit moderne, les principes admis par Doneau et Pothier et décider, comme Chabot l'a déclaré devant le Tribunat que « *la division ne peut être demandée qu'après que l'action a été formée par le créancier* ».

§ 4. — *Effets du bénéfice de division.*

Après avoir étudié les conditions dont la réunion est nécessaire pour que la caution puisse opposer le bénéfice de division, il nous reste à examiner les avantages que lui procure cette exception. Les effets du bénéfice de division varient suivant que ce bénéfice est opposé par la caution ou que le créancier divise volontairement son action entre les cofidéjusseurs.

I. — Effets du bénéfice de division opposé par la caution.

Jusqu'à ce que l'exception de division ait été opposée, chacune des cautions est redevable de la totalité de la dette garantie mais aussitôt que, sur la réquisition de l'une des cautions, les juges auront prononcé la division à son profit, cette caution ne pourra plus être poursuivie que pour sa part virile. Par conséquent, si, après le prononcé du jugement, l'une des cautions devient insolvable, les conséquences de son insolvabilité ne seront plus à la charge de la caution en faveur de laquelle la division a été prononcée. Le créancier devra désormais supporter les conséquences de l'insolvabilité des autres cautions.

Cette règle est très rigoureuse pour le créancier qui, étant garanti par plusieurs cautions, devait se croire sûr, d'obtenir un paiement intégral mais l'article 2026 déclare formellement : « Lorsque, dans le temps où une caution a fait prononcer la division, il y en avait d'insolvables, cette caution est tenue proportionnellement de ces insolvabilités, mais elle ne peut pas être recherchée à raison des insolvabilités survenues depuis la division ».

II. — Effets du bénéfice de division volontairement consenti par le créancier.

Le droit de poursuivre chacune des cautions pour la totalité de la dette étant une faveur accordée au créancier, il est évident que celui-ci pourrait y renoncer et diviser son action entre les fidéjusseurs, sans attendre que ceux-ci requièrent la division.

Les effets de cette division volontairement consentie par le créancier sont beaucoup plus avantageux pour la caution que ceux de la division prononcée judiciairement. Dans cette dernière hypothèse, en effet, la caution restait responsable de l'insolvabilité de ses cofidéjusseurs survenue avant que la division n'ait été prononcée. Au contraire, le créancier qui divise lui-même son action, prend à sa charge les conséquences de l'insolvabilité des cautions même lorsque cette insolvabilité est survenue antérieurement à sa renonciation. Mais, pour que cet effet se produise, il faut que le créancier, ait lors de sa renonciation, connu cette insolvabilité. L'article 2027, qui règle les conséquences de cette renonciation, exige en effet que le créancier ait renoncé volontairement, c'est-à-dire en connaissance de cause, à son droit de réclamer à chacune des cautions la totalité de la dette. Si le créancier n'a pas renoncé en connaissance de cause, sa renonciation n'aurait pour résultat que d'éviter à la caution les nombreux frais de procédure nécessaires pour une division prononcée judiciairement.

Il nous reste à savoir de quelle façon le créancier peut manifester sa volonté de renoncer au bénéfice de division. Cette renonciation peut être expresse ou tacite. La renonciation expresse consistera dans une déclaration précise du créancier et ne sera la source d'aucune difficulté. La renonciation tacite résultera de tout acte par lequel le créancier aura manifesté son intention de ne poursuivre l'une des cautions que pour sa part virile. L'article 2027 nous fournit un exemple de renonciation tacite en refusant au créancier le droit de réclamer à une caution la totalité de la dette garantie après l'avoir poursuivie seulement pour sa part.

Certains auteurs et, en particulier M. Troplong, sou-

tiennent que le seul fait d'avoir poursuivi une caution, pour
sa part, ne suffit pas pour faire perdre au créaucier le droit
de lui réclamer ensuite la totalité. Ces auteurs exigent,
en outre, que la caution ait acquiescé à la demande du
créancier ou qu'il soit intervenu un jugement la condam-
nant pour sa part. Cette opinion est fondée sur l'article 1211 en vertu duquel : « *La simple demande formée
contre l'un des co-débiteurs solidaires pour sa part n'a pas
pour effet de le libérer de la solidarité s'il n'a pas acquiescé
à la demande ou s'il n'est pas intervenu un jugement de
condamnation.* » On a conclu que les cautions, étant
engagées *in solidum*, l'article 1211 devait leur être appliqué. Mais cet article a été écrit spécialement en vue des
débiteurs solidaires. Or les cautions, nous l'avons vu, ne
sont pas des débiteurs solidaires et l'article 1211 ne
leur est pas applicable par conséquent. L'article 1211
étant mis hors de cause, nous nous trouvons en présence
de l'article 2027. Ce dernier article décide que la simple
division opérée par le créancier enlève à celui-ci le droit
de poursuivre désormais la caution pour la totalité de la
dette, mais n'exige nullement que la caution ait acquiescé à la demande du créancier. Nous pouvons faire remarquer, en outre, qu'en droit commun, la division a lieu de
plein droit entre les co-débiteurs d'une même dette. L'article 2027 ne fait donc qu'appliquer ce droit commun
en accordant aux cautions, dans une hypothèse particulière, les avantages dont jouissent les débiteurs ordinaires et dont elles sont privées par l'article 2025. Il nous

semble par conséquent préférable de ne pas admettre le système de M. Troplong et de ne pas subordonner la validité de la renonciation du créancier à l'acquiescement de la caution. Cet acquiescement serait cependant nécessaire dans le cas où les cautions se seraient engagées solidairement. Elles deviendraient alors de véritables débiteurs solidaires et seraient, comme tels, soumises à l'article 1211.

La division, quelle que soit la manière dont elle a lieu ne porte que sur ce qui reste dû au moment où elle est obtenue. En conséquence, si l'une des cautions avait payé d'avance une partie de la dette sans exiger que la somme ainsi payée lui fut imputée sur sa part, on ne lui tiendra pas compte, lors de la division de la dette, de la somme ainsi déboursée. Sa part virile sera la même que celle des autres cautions auxquelles elle pourra cependant réclamer tout ce qu'elle aura payé, antérieurement, au delà de sa part.

CHAPITRE III

BÉNÉFICE DE SUBROGATION

§ 1. — *Recours de la caution.*

A. — *Nature et étendue de ce recours.* — La caution
qui, ayant opposé en vain le bénéfice de discussion, s'est
vue obligée d'acquitter la dette garantie, aura évidemment le droit d'agir contre le débiteur principal pour
obtenir son remboursement. Bien que nous ayons li-
mité le champ de notre étude aux divers bénéfices accordés aux cautions, nous croyons qu'il est indispensable
d'examiner ici le droit de recours de la caution avant
d'étudier le bénéfice de subrogation qui a précisément
pour but de lui faciliter ce recours. Différentes actions
sont accordées à la caution pour exercer son recours.

La caution a-t-elle contracté sur la demande du débiteur principal, elle pourra, après avoir payé, agir contre celui-ci par l'action de mandat. Elle disposerait également de cette action dans l'hypothèse où le débiteur
principal ne lui aurait pas donné mandat de le cautionner mais aurait cependant connu son engagement.

La caution qui s'est engagée à l'insu du débiteur principal aura, pour se faire rembourser ses avances, l'action

de gestion d'affaires. Cette dernière action est en général moins favorable pour celui à qui elle est accordée que l'action de mandat mais, dans l'hypothèse dont nous nous occupons, elle produit exactement le même résultat. L'article 2028, qui détermine l'étendue du recours de la caution, ne fait aucune distinction entre ces deux actions. La caution pourra donc réclamer, par l'action de gestion d'affaires, tout ce qu'elle aurait pu obtenir par l'action de mandat.

Il nous reste à examiner les droits de la caution qui s'est engagée contre la volonté du débiteur principal. Cette question était déjà discutée en droit romain.

Paul refusait à la caution toute espèce d'actions. Certains jurisconsultes, au contraire, étaient d'avis d'accorder à la caution une action utile pour tout le bénéfice procuré au débiteur principal par le paiement. Telle était également, dans notre ancien droit, l'opinion de Cujas. Il semble juste d'accorder à la caution une action utile *de in rem verso*. La caution a payé, en effet, la dette du débiteur principal et l'on ne saurait, sans injustice, la priver de tout recours contre lui. Mais elle pourra seulement agir contre le principal obligé jusqu'à concurrence de l'enrichissement qu'elle lui a procuré, en payant sa dette.

Le montant du recours de la caution qui agit par les actions de mandat ou de gestion d'affaires est ainsi déterminé par l'article 2028 : « *Le recours a lieu tant pour le principal que pour les intérêts et les frais ; néanmoins la caution n'a de recours que pour les frais par elle faits depuis qu'elle a dénoncé au débiteur principal les poursuites dirigées contre elle. Elle a aussi recours pour les dommages et intérêts s'il y a lieu.*

La caution a d'abord recours pour le principal de la dette mais elle ne peut rien réclamer en plus de ce qu'elle a véritablement payé. Par conséquent, si le créancier a consenti à lui donner quittance en recevant une somme inférieure à celle qui lui était véritablement due, le recours de la caution contre le débiteur principal se bornera à ce qu'elle aura ainsi payé.

L'article 2028 ajoute que la caution a un recours pour les frais mais, d'après les termes de cet article, le recours de la caution semblerait restreint aux frais que le créancier aurait pu faire contre elle. La caution n'aurait aucun recours pour les frais de poursuites du débiteur principal qu'elle aurait été obligée de rembourser au créancier. Cette restriction est absolument contraire à l'esprit de la loi car l'article 2026 accorde à la caution un recours, même pour les frais de la première demande. La caution a donc le droit de se faire rembourser, d'abord les frais occasionnés par la poursuite du débiteur principal et, ensuite, ceux qui ont été faits contre elle. L'article 2028 subordonne toutefois le recours de la caution à cette condition qu'elle ait dénoncé au débiteur principal les poursuites dont elle était l'objet. La caution, qui n'aura pas fait cette dénonciation, ne pourra se faire rembourser les frais des poursuites intentées contre elle par le créancier. Cette exigence de la loi a été établie en faveur du débiteur principal qui est intéressé à connaître, le plus tôt possible, les poursuites intentées contre son garant afin de payer lui-même la dette et d'éviter ainsi des frais inutiles.

L'article 2028 termine en disant que la caution aura droit à des dommages-intérêts, s'il y a lieu. Elle pourra, par conséquent, même si la dette principale n'était pas productive d'intérêts, se faire rembourser les intérêts de ses avances. On pourra même lui accorder des intérêts au delà du taux légal car l'article 1153, qui détermine le taux de l'intérêt, fait une exception pour le cas particulier du cautionnement.

Cete exception est basée sur le caractère gratuit du cautionnement. Aussi M. Delvincourt a-t- il proposé de ne pas accorder à la caution le bénéfice de l'article 1153 *in fine* si elle avait été payée pour intercéder. M. Duranton est d'un avis contraire et décide que l'article 1153 devra s'appliquer même dans l'hypothèse d'un cautionnement à titre onéreux. Le débiteur principal est toujours en faute pour n'avoir pas exécuté lui-même le paiement. Il devra, par conséquent, dédommager la caution du préjudice qui pourra en résulter pour elle.

B. — *A quelles conditions ce recours peut-il s'exercer?* — Une seule condition est nécessaire pour que la caution puisse recourir contre le débiteur principal : il faut que la dette ait été éteinte par son fait. Peu importe la manière dont la dette s'est trouvée éteinte pourvu que le

débiteur principal soit véritablement libéré. La caution
pourra, par conséquent, recourir contre le débiteur principal aussi bien lorsque, poursuivie par le créancier,
elle lui aura opposé la compensation que dans l'hypothèse d'un paiement véritable. La caution aurait également ce recours si la dette se trouvait éteinte par une
novation intervenue entre elle et le créancier. Le cas
s'est présenté en 1876 devant la Cour de cassation. Dans
l'espèce, il s'agissait d'un débiteur principal tombé en
déconfiture, ce qui rendait la dette exigible. La caution
obtint la libération du débiteur en convenant avec le
créancier que la créance, jusque là non productive d'intérêts, en produirait désormais. Il fut jugé que la caution
aurait un recours contre le débiteur non seulement,
pour le principal de la dette, mais encore pour les intérêts promis par elle afin de libérer le débiteur.

Plus difficile est la question de savoir si la caution
pourra recourir contre le débiteur principal lorsque celui-ci lui aura fait remise de la dette. Cette question doit
être résolue par une distinction. Le créancier a-t-il voulu
libérer seulement la caution, le débiteur principal restera tenu au paiement de la dette et la caution ne disposera d'aucun recours contre lui.

Le créancier a-t-il, au contraire, renoncé à sa créance, dans le but d'avantager définitivement la caution,
celle-ci sera considérée comme ayant payé la dette et
jouira, vis-à-vis du débiteur principal, des mêmes voies
de recours que si elle avait réellement payé.

Cette solution n'est pas admise universellement. Certains auteurs soutiennent qu'un tel résultat serait contraire aux principes généraux puisque le devoir de la caution, en sa qualité de mandataire, est d'améliorer la situation du débiteur principal. M. Ponsot invoque, en particulier, comme argument, le texte de l'article 2029. Cet article semble exiger que la caution ait payé, pour qu'on lui permette de recourir contre le débiteur principal. Or, nous dit M. Ponsot, dans l'hypothèse d'une remise de dette l'article 2029 s'oppose à ce que la caution qui n'a pas payé puisse exercer un recours contre le débiteur principal.

Ne peut-on répondre à ces divers arguments que, si la caution est tenue d'améliorer la situation du débiteur principal, ce n'est jamais à ses dépens. Or, dans l'espèce, la libération du principal obligé serait très préjudiciable pour la caution qui perdrait tout le bénéfice de la libéralité du créancier.

En libérant le débiteur principal, on risquerait, en outre, de méconnaître les intentions du créancier qui, libre de disposer de ses droits comme il l'entendait, a désiré en faire profiter la caution. Il devait croire que la libération du débiteur principal aurait pour résultat de permettre à la caution de recourir contre lui.

Quant à l'argument tiré de l'article 2029, ne pourrait-on objecter que, si l'on s'attachait aussi strictement aux termes du Code, la caution ne disposerait d'aucun recours, dans l'hypothèse où la dette principale se trouverait éteinte par novation, confusion ou tout autre mode d'extinction qui ne serait pas un paiement véritable. Nous avons vu, cependant, que tous les auteurs étaient d'accord pour décider que la caution disposerait d'un recours dans ces différentes hypothèses. Il n'y a donc pas de raison pour faire une distinction lorsqu'il y a eu remise de la dette.

La caution qui a payé la dette ne dispose pas toujours d'un recours contre le débiteur principal. Pour qu'elle ait droit à ce recours, il faut que le paiement exécuté par elle ait été utile au débiteur principal. Nous trouvons une double application de ce principe dans l'article 2031 qui s'exprime d'abord ainsi : « *La caution qui a payé une première fois n'a pas de recours contre le débiteur principal qui a payé une seconde fois lorsqu'elle ne l'a pas averti du paiement par elle fait ; sauf son action en répétition contre le créancier* ». Cette action en répétition n'est autre que la *condictio indebiti* du débiteur principal. Personnellement la caution, n'ayant pas payé indûment, ne disposerait pas de cette action.

La caution qui n'a pas averti le débiteur principal du paiement exécuté par elle doit supporter les conséquences de sa négligence. On ne peut reprocher au débiteur principal d'avoir payé sans se préoccuper de savoir si la caution s'était acquittée avant lui. Il devait supposer, en effet, que le créancier le poursuivait le premier, avant d'avoir rien réclamé à la caution.

La loi ne dit pas de quelle manière la caution devra

avertir le débiteur principal. Il est donc probable qu'une notification par huissier ne serait pas nécessaire. Mais si le débiteur principal niait l'existence de cette notification, le soin d'en faire la preuve incomberait à la caution qui pourrait employer tous les modes de preuve admis en Droit commun.

On discute la question de savoir si la caution qui paierait au créancier une dette déjà acquittée par le débiteur principal pourrait recourir contre celui-ci dans le cas où il ne l'aurait pas prévenue. Cette hypothèse n'est pas prévue par le Code, mais certains auteurs (Pont et Ponsot) sont d'avis que le débiteur principal, ayant négligé d'avertir la caution du paiement qu'il a effectué, celle-ci pourra recourir contre lui dans le cas où elle se serait acquittée de son obligation. Il est juste, nous disent ces auteurs, de faire supporter au débiteur principal les conséquences de sa négligence comme on les fait supporter à la caution dans l'hypothèse précédente. Le cas s'est présenté, en 1857, devant la Cour de Lyon qui fit une distinction entre le paiement fait volontairement par la caution et le paiement fait sur les poursuites du créancier. La Cour de Lyon a permis à la caution de recourir contre le débiteur principal dans cette dernière hypothèse, mais ne lui en reconnaît pas le droit quand elle a payé sans attendre d'être poursuivie par le créancier.

Semblable distinction nous paraît arbitraire et nous pensons avec M. Laurent (tome XXVIII, n° 239), qu'en

aucun cas la caution ne pourra recourir contre le débiteur principal lorsque celui-ci se sera déjà acquitté de
son obligation envers le créancier. Elle pourra seulement
agir contre ce dernier pour tout ce qu'il aura reçu indûment. La loi, a bien imposé à la caution l'obligation de
dénoncer au débiteur principal les poursuites dont elle
était l'objet, sous peine d'être privée de tout recours
contre lui. Mais il n'est écrit nulle part que le débiteur
principal est obligé d'avertir son garant après avoir accompli son engagement. Ce dernier est, au contraire, en
faute d'avoir payé sans s'informer si la dette principale
ne se trouvait pas éteinte par un paiement antérieur.

L'article 2031 n'accorde pas non plus de recours à la
caution qui a payé la dette dans le cas où le débiteur
principal disposait d'exceptions qui eussent permis de
faire écarter la demande, s'il en eut été averti. Mais,
dans ce dernier paragraphe, l'article 2031 fait une distinction entre le cas où la caution a payé volontairement
et celui où elle a attendu d'être poursuivie pour acquitter la dette. C'est seulement, dans la première hypothèse,
qu'un recours est refusé à la caution.

Elle pourra recourir, au contraire, contre le débiteur
principal lorsqu'elle aura payé, sur les poursuites du
créancier. Telle était déjà la doctrine admise avant la
rédaction du Code.

Le principe que le paiement effectué par la caution,
doit avoir été utile au débiteur principal s'opposerait, *à
fortiori*, à ce que la caution puisse recourir contre le dé-

biteur principal dans le cas où elle aurait négligé d'opposer les exceptions qu'elle savait appartenir à celui-ci.

On s'est demandé si la caution qui acquittait une dette éteinte par prescription pouvait, ensuite, recourir contre le débiteur principal? La raison d'en douter provient de la nature particulière de cette exception. Ce moyen de défense peut répugner à certaines personnes. La caution, par un sentiment de délicatesse, n'a-peut-être pas voulu en faire usage. Nous croyons, cependant, qu'on devra lui refuser tout recours contre le débiteur. S'il lui répugnait d'opposer, elle-même, cette exception, rien ne lui était plus facile que de mettre le débiteur principal en cause. Celui-ci aurait été ainsi à même de décider s'il entendait profiter de la prescription. La caution qui aura payé sans mettre en cause le débiteur principal ne disposera d'aucun recours contre lui.

L'action personnelle de la caution contre le débiteur principal, est prescriptible comme les actions ordinaires. Mais quel est le point de départ de cette prescription? Certains auteurs soutiennent que l'action personnelle de la caution sera éteinte dès le moment où l'action du créancier qu'elle a payé se trouverait elle-même prescrite. Dans un autre système qui nous paraît préférable, on décide que la prescription commencera seulement à courir à partir du paiement effectué par la caution. La jurisprudence est, du reste, fixée dans ce sens comme le prouve un arrêt de la Cour de cassation en date du 7 août 1840 (Sirey, 1840).

§ 2. — *Action subrogatoire.*

I. — Origine et nature du bénéfice de subrogation.

Les voies de recours personnelles accordées à la caution ne sont garanties par aucune sûreté. Au contraire, le créancier, payé par elle, dispose souvent de nombreuses sûretés soit réelles, soit personnelles qui assurent l'efficacité de ses actions. Ces garanties qui ne lui sont plus nécessaires une fois qu'il a obtenu son paiement, pourraient cependant être très utiles à la caution lorsque celle-ci exercera son recours contre le débiteur principal.

Il est cependant difficile de faire revivre ces droits au profit de la caution. Le paiement, effectué par elle, a eu pour résultat d'éteindre la créance du débiteur principal et, avec elle, les sûretés qui avaient pour objet de la garantir. A Rome, on remédiait à cette difficulté en décidant que le paiement, effectué par la caution, serait considéré comme le prix de la cession des actions appartenant au créancier. Mais la caution devait réclamer cette cession avant de payer, car, autrement les droits du créancier se seraient trouvés éteints. Il aurait été, par conséquent, dans l'impossibilité de les lui céder. La caution qui voulait être subrogée dans les actions du créancier devait manifester sa volonté à cet égard en opposant aux poursuites du créancier l'*exceptio cedendarum actionum.*

Nous retrouvons, dans notre ancien droit, les principes du droit romain. L'*exceptio cedendarum actionum*,
était également le moyen pratique dont la caution devait
se servir pour obtenir la cession des actions du créancier.

D'après Dumoulin, la caution qui avait payé sans opposer l'*exceptio cedendarum actionum* pouvait encore,
après le paiement, réclamer au créancier la cession de
ses actions. Dumoulin était d'avis que cette cession avait
eu lieu tacitement, à la suite du paiement effectué par la
caution.

Il invoquait, à l'appui de son opinion, le principe que
nul n'est présumé facilement avoir renoncé à un droit
et déclarait que le simple fait du paiement était insuffisant pour faire perdre à la caution ses droits aux garanties du créancier. Il s'appuyait, en outre, sur des textes
empruntés au droit romain qu'il assurait avoir été mal
compris jusque là par les commentateurs (Dig., Loi 76,
De solutionibus. Dig., Loi 1, *De fidejussoribus*). Malheureusement, rien, dans ces textes, ne justifiait la théorie
de Dumoulin bien que les conséquences en fussent très
équitables pour la caution. Aussi ce système fût-il repoussé, malgré son utilité pratique, par tous les anciens
jurisconsultes et, en particulier, par Pothier et Renusson.
La première condition, pour acquérir un droit, disaient
ces auteurs est d'avoir eu la volonté de l'acquérir. Or,
dans l'espèce, la caution n'ayant pas requis la cession
des actions du créancier, rien ne prouve qu'elle ait eu
l'intention d'être subrogée aux droits de celui-ci.

Les principes soutenus par Pothier continuèrent à être appliqués jusqu'à la rédaction du Code civil qui reproduisit, comme nous allons le voir, la théorie de Dumoulin. Bigot-Préameneu se servit, pour soutenir son opinion, des arguments de Dumoulin dont l'opinion prévalut définitivement. L'article 1251 range, en effet, parmi ceux au profit desquels a lieu la subrogation légale ceux qui, étant tenus avec d'autres ou pour d'autres au paiement d'une dette, avaient intérêt à l'acquitter. Cet article s'applique évidemment aux cautions mais, pour ne laisser subsister aucun doute, les rédacteurs du Code ont pris soin de répéter dans l'article 2029 que : « *la caution, après avoir payé la dette, était subrogée à tous les droits qu'avait le créancier contre le débiteur* ». Le système adopté par les rédacteurs du Code est plus large encore que celui de Dumoulin. Ils ont accordé en effet de plein droit à la caution les actions et sûretés du créancier sans même supposer qu'il y ait eu une cession tacite postérieure ou antérieure au paiement. Nous devons cependant faire remarquer que l'article 2027 qui fait aux cautions une application particulière de la règle posée dans l'article 1251 est moins complet que ce dernier article. L'article 2027, en effet, semble dire que la caution est seulement subrogée dans les droits que le créancier peut avoir contre le débiteur principal. Or, le créancier peut avoir des droits, non seulement, contre le débiteur principal mais encore, contre tous ceux qui ont garanti la solvabilité de celui-ci. La caution sera, en vertu de l'article 1251, subrogée dans tous ces droits bien que l'article 2029 n'y ait pas fait allusion.

En revanche l'article 2029 fait cesser une difficulté qui avait été soulevée par Dumoulin dans notre ancien droit. Cet auteur se demandait si la caution pouvait seulement disposer des droits qui appartenaient au créancier lors de son engagement ou si elle pouvait également exercer ceux qu'il avait acquis plus tard. L'article 2029 ayant décidé que la caution est subrogée à tous les droits qu'avait le créancier contre le débiteur, il n'y a plus à faire de distinction suivant l'époque où ces droits ont été acquis par le créancier.

II. — Effets du bénéfice de subrogation.

A.—*Effets produits dans les rapports entre le créancier et la caution*. — Pour étudier les avantages procurés à la caution par le bénéfice de subrogation, il faut se placer à différents points de vue. Nous examinerons d'abord les effets produits par ce bénéfice, dans les rapports entre le créancier et la caution. Ces effets peuvent se résumer ainsi : l'action du créancier est transférée à la caution avec tous ses accessoires. Il serait inexact de dire, comme l'ont fait certains auteurs, que l'on rattache à l'action en recours dont disposait déjà la caution les garanties qui appartenaient au créancier. Cette observation n'est pas sans importance. Nous verrons, en effet, que, si l'on ne laissait pas subsister l'action du créancier au profit de la caution, celle-ci jouirait bien des garanties accessoires qui en assurent l'efficacité, mais elle ne pourrait profiter des avantages résultant des qualités mêmes de cette créance.

Les actions du créancier conservent donc le même caractère lorsque, par l'effet de la subrogation, elles sont passées entre les mains de la caution. Il s'ensuit que la caution aura exactement les mêmes droits que le créancier mais ne pourra rien réclamer de plus. Elle ne pourra donc, comme nous l'avons vu en étudiant son recours personnel, réclamer des dommages et intérêts au débiteur principal quand elle agira par l'action subrogatoire. Le créancier n'aurait pas eu le droit d'exiger ces dommages-intérêts et la caution, subrogée dans ses droits, ne pourra pas non plus les réclamer. On s'est demandé si la caution pourrait, au moyen de l'action subrogatoire, se faire rembourser les frais des poursuites que le créancier a exercées contre elle et qu'elle a été obligée de lui rembourser. Il semble que la caution pourra réclamer le paiement de ces frais de poursuite par l'action subrogatoire. Le créancier avait, en effet, une action pour se faire rembourser ces frais et la caution, étant subrogée à tous ses droits, pourra réclamer la restitution des frais comme il aurait pu le faire lui-même.

En un mot, la situation de la caution subrogée peut être comparée à celle du cessionnaire d'une créance. Cependant certains effets de la cession-transport ne se produisent pas, au cas de subrogation. La caution subrogée aux droits du créancier, ne serait pas soumise aux formalités imposées par l'article 1690 aux cessionnaires d'une créance. Cet article, écrit dans le but d'empêcher les manœuvres de spéculateurs peu scrupuleux, ne saurait être appliqué aux cautions qui ont été mises en possession de l'action du créancier simplement dans un but d'équité.

Les effets de la cession-transport se trouveront aussi modifiés, en cas de subrogation, par le principe que Dumoulin nous cite en ces termes : « *Nemo contra se subrogasse censetur* ». S'il est équitable, en effet, de transférer à la caution les actions devenues inutiles au créancier, c'est à la condition que celui-ci n'en souffre aucun préjudice. Nous trouvons une application particulière de ce principe dans l'article 1252 qui s'exprime ainsi : « *la subrogation ne peut nuire au créancier lorsqu'il n'a été payé qu'en partie : en ce cas il peut exercer ses droits pour ce qui lui reste dû par préférence à ceux dont il n'a reçu qu'un paiement partiel* ». Nous supposerons, par exemple, un créancier dont le paiement était assuré à la fois par une caution et une hypothèque. La caution, sur la poursuite du créancier, au lieu de lui payer la totalité de la dette n'en acquitte qu'une partie. Elle sera subrogée aux droits du créancier pour se faire rembourser la partie de la dette payée par elle et pourra, par conséquent, comme aurait pu le faire ce créancier, saisir l'immeuble hypothéqué. Mais, dans le cas où le prix de la vente de l'immeuble serait insuffisant pour désintéresser en même temps la caution et le créancier, celui-ci serait payé par préférence en vertu de la règle : « *Nemo contra se subrogasse videtur* ».

L'article 544 du Code de commerce semble, à première vue, en opposition avec l'article 1252 du Code civil. Cet article dit en effet que : « *Le co-obligé ou la caution qui aura fait le paiement partiel sera compris dans la même mesure pour tout ce qu'il aura payé à la décharge du failli* ». Il résulterait donc de cet article que la caution pourrait, contrairement à l'article 1252, venir en concours avec le créancier non intégralement remboursé. Cette conséquence de l'article 544 du Code de commerce est exacte, mais il n'y a pas contradiction entre cet article et l'article 1252. La caution qui réclame son paiement sur la masse des biens du débiteur failli agit, en effet, en vertu de son action personnelle et ne se présente nullement comme subrogée aux droits du créancier. Or, c'est seulement, dans cette dernière hypothèse, que l'article 1252 établit un droit de préférence au profit du créancier. Celui-ci devra, par conséquent, subir le concours de la caution qui se présente en son nom personnel. Le concours de la caution diminuera, il est vrai, la part afférente au créancier dans la masse des biens du failli mais il n'en résultera pas pour lui un très grand préjudice car il conservera toujours le droit de poursuivre la caution jusqu'à ce qu'il ait obtenu son paiement intégral.

On s'est demandé si la caution pouvait intenter l'action résolutoire dans les cas où le créancier auquel elle est subrogée aurait pu intenter cette même action. On en a douté à cause du caractère particulier de la subrogation. Les droits de la caution subrogée présentent, comme nous le verrons, de nombreux rapports avec ceux du cessionnaire d'une créance. Il faut donc, quand rien ne s'y oppose, appliquer, au cas de subrogation, les articles du Code qui déterminent les effets de la cession de créance. Ces effets sont réglés, en particulier, par l'article 1692 qui s'exprime en ces termes : « *La vente d'une créance comprend les accessoires de cette créance tels que caution, privilège et hypothèque* ». Il n'est pas fait allusion, dans cet article, au droit de résolution. Il faut donc savoir si ce droit doit être rangé parmi les accessoires de la créance et compris dans la cession ou si on doit le considérer comme un droit distinct. M. Laurent (Tome XVIII, n° 111) pense que le droit de résolution du vendeur et le droit de celui-ci au prix de l'objet vendu diffèrent à la fois par leur caractère et par leur objet. L'un est en effet toujours un droit mobilier, l'autre tantôt un droit mobilier et tantôt un droit immobilier suivant la nature de l'objet vendu. Le premier permet simplement au créancier d'obtenir son paiement tandis que le second lui permet de rentrer en possession de la chose même qu'il a vendue, dans le cas où il ne pourrait se faire payer. Le droit de résolution du vendeur ne saurait, par conséquent, être considéré comme l'accessoire de son droit au prix.

Mais la caution subrogée pourrait profiter de ce droit, comme le vendeur lui-même, en vertu de l'article 1249 qui dit que la caution est subrogée aux droits du créancier. Cet article ne fait aucune distinction entre les divers droits du créancier. La caution sera donc mise en possession de tous ceux qui n'auront pas un caractère personnel.

Ne pourrait-on, pour résoudre cette question, faire la distinction suivante ? Le créancier n'a-t-il aucun intérêt au maintien du contrat, la caution subrogée pourra en réclamer la résolution comme il l'aurait pu lui-même. Si, au contraire, le créancier est intéressé à ce que le contrat ne soit point résolu, il y aurait lieu d'appliquer la règle « *Nemo contra se subrogasse censetur* » et la caution ne pourrait intenter l'action résolutoire appartenant au créancier. Il peut arriver en effet que le vendeur, après avoir reçu son paiement, soit cependant intéressé au maintien du contrat. Supposons, par exemple, que l'acheteur d'un immeuble ait consenti à son vendeur une servitude sur l'immeuble dont il a fait l'acquisition. Si la caution de l'acheteur demande la résolution de la vente comme subrogée aux droits du vendeur, il en résultera évidemment un dommage pour celui-ci qui perdra tous ses droits à la servitude ainsi concédée. La règle : « *Nemo contra se subrogasse censetur* » s'opposerait donc, dans cette hypothèse, à ce que la caution demande la résolution de la vente.

Tels sont les principaux cas d'application de la règle :

« *Nemo contra se subrogasse censetur* ». Il faut se garder d'appliquer cette règle en dehors des cas spécialement prévus par la loi. L'article 1252 n'accorde au créancier un droit de préférence sur la caution que dans le cas où celle-ci a seulement payé une partie de la dette qu'elle avait garantie. Si, au contraire, la caution s'étant acquittée de la totalité de sa dette, le créancier possède encore d'autres créances contre le débiteur principal, il devra subir le concours de la caution lorsqu'il réclamera le paiement de ces créances. En supposant, par exemple, une dette garantie à la fois par une caution et une hypothèque, la caution qui acquitte la totalité de cette dette, pourra se servir, pour obtenir son remboursement, de l'action hypothécaire appartenant au créancier. Celui-ci se verra primé par la caution pour les créances postérieures dont le paiement était assuré par une hypothèque sur le même immeuble. On se trouve, en effet, en dehors de l'hypothèse prévue par l'article 1252. La caution devait compter sur l'hypothèque du créancier, il serait par conséquent injuste que celui-ci eut le pouvoir de la priver de cette garantie en faisant de nouvelles avances au débiteur principal.

Ce droit de préférence établi au profit du créancier ne lui est accordé que dans l'hypothèse où la caution agit par l'action subrogatoire. Par conséquent, en admettant même que la caution ait payé seulement une partie de la dette, elle pourra concourir avec le créancier si elle réclame le remboursement de ses avances au moyen de son action personnelle. Dans cette hypothèse, en effet, on ne doit pas appliquer l'article 1252 mais l'article 2093 en vertu duquel : « *Les biens du débiteur sont le gage commun de ses créanciers et le prix s'en distribue entre eux par contribution à moins qu'il n'y ait entre les créanciers des causes légitimes de préférence* ».

B. — *Effets de la subrogation dans les rapports entre la caution et le débiteur principal.* — La caution subrogée jouira désormais, dans ses rapports avec le débiteur principal, de toutes les actions du créancier. Il serait inexact, nous l'avons vu plus haut, de dire que les accessoires de la créance primitive sont rattachés aux voies de recours personnelles de la caution car ce sont les actions mêmes du créancier qui passent sur la tête de la caution. Mais ce système n'est pas admis par tous les auteurs. On a soutenu qu'en accordant à la caution les actions du créancier qu'elle a payé, on assimile les effets de la subrogation à ceux de la cession-transport. Or ces deux opérations juridiques n'ont pas les mêmes causes puisque la cession est le résultat de la volonté des parties tandis que la subrogation a lieu de plein droit. Elles ne peuvent donc produire les mêmes effets.

En outre, ajoute-t-on, le paiement a éteint les actions du créancier ; il est par conséquent impossible que celles-ci puissent ensuite être transférées à la caution.

A ce dernier argument on peut répondre que la subrogation a eu pour effet d'éteindre non seulement les actions du créancier mais encore les garanties accessoires qui s'y rattachaient. Or, tous les auteurs sont d'accord, pour faire revivre ces garanties accessoires, au profit de la caution. On peut donc aussi bien faire revivre à son profit les actions du créancier.

Le système que nous combattons peut être quelquefois très désavantageux pour le débiteur principal. Par son action personnelle, la caution peut en effet lui réclamer non seulement le remboursement de ce qu'elle a dû payer au créancier mais encore des dommages et intérêts.

Si l'on rattachait à l'action personnelle de la caution les garanties qui appartenaient au créancier, elles assureraient aussi bien le paiement des dommages et intérêts que celui des avances de la caution. Celle-ci, au contraire, ne pourrait réclamer, par l'action subrogatoire, des dommages et intérêts pour lesquels elle resterait au rang de créancier chirographaire.

Le texte de la loi est également en faveur de notre système. L'article 2029 ne nous dit-il pas, en effet, que la caution est subrogée à tous les droits du créancier sans faire de distinction entre la créance elle-même et les-accessoires qui la garantissaient.

Cette opinion paraît encore plus vraisemblable lorsque l'on s'en rapporte aux travaux préparatoires du Code. Si nous examinons en effet les motifs du titre des obligations, nous verrons que l'orateur chargé de défendre le projet devant le corps législatif, après avoir dit que le paiement pur et simple éteignait la dette eut soin d'ajouter que : « *le paiement avec subrogation la laissait subsister et n'avait d'effet que de décharger le créancier* ».

Nous n'avons examiné, jusqu'à présent, que l'hypothèse d'une caution garantissant la solvabilité d'un seul débiteur. Il nous reste à examiner les droits de la caution dans le cas où il y a plusieurs débiteurs. Pourra-t-elle, après avoir payé la totalité de la dette, agir, *in solidum*, contre chacun des débiteurs principaux, pour obtenir son remboursement.

Pour résoudre cette question, une distinction s'impose entre le cas où les débiteurs sont solidairement engagés et celui où ils sont simplement conjoints. Dans cette dernière hypothèse, la caution ne pourra jamais poursuivre les débiteurs principaux que pour leur part. De deux choses l'une, en effet, ou elle intentera contre eux l'action de mandat, ou elle se servira de l'action subrogatoire. Or l'action *mandati* ne lui permettra de réclamer à chacun des débiteurs principaux que ce qu'elle a payé en son nom c'est-à-dire sa part virile. L'action subrogatoire ne produirait pas un résultat plus avantageux pour la caution. Le créancier n'avait le droit de poursuivre chaque débiteur conjoint que pour sa part, la caution subrogée dans ses droits ne pourra rien obtenir de plus.

Si nous supposons maintenant plusieurs débiteurs solidairement engagés, le garant qui les a tous cautionnés pourra, après avoir payé, recourir contre chacun d'eux pour le tout. Cette hypothèse est prévue spécialement par l'article 2030 qui s'exprime ainsi : « *Lorsqu'il y a plusieurs débiteurs principaux solidaires d'une même dette, la caution qui les a tous cautionnés, a contre chacun d'eux, un recours pour la répétition du total de ce qu'elle a payé* ».

Il est plus embarrassant de savoir quels sont les droits de la caution qui n'a garanti le paiement que d'un seul débiteur solidaire. On décide, dans un premier système, que la caution qui a payé la totalité de la dette pourra agir pour le tout contre chacun des débiteurs solidaires. Les partisans de ce système soutiennent que la subrogation ayant eu pour résultat de transférer tous les droits du créancier à la caution, celle-ci pourra poursuivre chacun des co-débiteurs solidaires comme aurait pu le faire le créancier. Or ce dernier pouvant agir contre chacun des co-débiteurs solidaires pour le tout, la caution aura le droit de les poursuivre dans la même mesure.

Ces auteurs reconnaissent que l'article 2030 semble opposé à leur système. Cet article accorde, en effet, un recours pour la répétition du total de ce qu'elle a payé à la caution qui a cautionné tous les débiteurs principaux solidaires d'une même dette. On peut donc conclure, par argument *a contrario,* que la caution n'aura pas ce recours intégral si elle ne s'est engagée que pour la garantie d'un seul des co-débiteurs solidaires. Mais on objecte que les arguments *a contrario* sont, en général, fort peu probants. En outre l'argument que l'on peut tirer de l'article 2030 perd encore de sa valeur si l'on considère

que l'article 1251 accorde à la caution la subrogation aux droits du créancier sans faire aucune distinction.

Les partisans de ce système ajoutent que l'article 2033
ne peut non plus être invoqué dans l'hypothèse que nous
étudions. Cet article, il est vrai, statuant sur le cas où
plusieurs personnes ont cautionné un même débiteur,
pour une même dette, décide que la caution qui a acquitté la dette a recours contre les autres cautions, chacune pour sa part et portion. Mais l'article 2033 a été
écrit en vue des rapports particuliers qui devaient exister entre les co-cautions et ne saurait, par conséquent,
être invoqué comme règle générale.

Malgré ces arguments, le système que nous venons
d'exposer est repoussé par la majorité des auteurs et,
en particulier, par M. Laurent (tome XXVIII, n° 249 et
M. Duranton, tome XVIII, n° 355). En effet, bien que l'on
doive, en général, attacher peu d'importance aux arguments *à contrario*, il est impossible de ne pas conclure
de l'article 2030 que la caution n'est point subrogée aux
droits du créancier contre les autres co-débiteurs, pour
le total de la créance. Cet article nous disant que la caution a un recours pour le total lorsqu'elle a cautionné
tous les co-débiteurs, il en résulte évidemment qu'elle
devra être traitée différemment si elle n'a cautionné qu'un
seul des débiteurs solidaires.

Il semble, en outre, conforme aux vœux du législateur
que la caution se trouve traitée, dans l'hypothèse que

nous étudions, comme un co-débiteur solidaire qui aurait payé la totalité de la dette. Or l'article 1214 du Code ne permet à ce débiteur de poursuivre chacun de ses co-obligés que pour leur part virile ; il paraît donc logique de restreindre, dans les mêmes limites, les droits de la caution.

Ce dernier système est du reste celui de la jurisprudence. Le cas s'étant présenté devant la Cour de cassation, celle-ci, par un arrêt en date du 19 avril 1854, a décidé que la caution qui payait la totalité de la dette était subrogée à tous les droits du créancier contre le co-débiteur solidaire qu'elle avait cautionné. Au contraire, elle ne devait acquérir contre les autres débiteurs solidaires que les droits dont aurait pu disposer ce co-débiteur s'il avait exécuté lui-même le paiement. Un second arrêt de la Cour de cassation, en date du 10 juin 1861, arrive aux mêmes conclusions, bien qu'il soit basé sur un principe tout à fait opposé. Cet arrêt décide en effet que : « *la caution est subrogée non seulement dans les droits du créancier contre le débiteur cautionné, mais encore à ses droits contre les autres co-débiteurs non cautionnés bien que, d'ailleurs, elle ne puisse agir contre eux que pour la part de chacun dans la dette solidaire* ».

Les motifs de ce dernier arrêt sont plus conformes au texte de la loi. L'article 2029 décide en effet que la caution est subrogée aux droits du créancier, mais on ne trouve, dans aucun texte, le principe que la caution est subrogée aux droits du débiteur pour lequel elle aurait effectué le paiement. Il faut donc décider, conformément à l'arrêt du 10 juin 1861, que la caution pourra poursuivre tous les débiteurs solidaires, comme subrogée aux droits du créancier. Mais les effets de la subrogation légale seront restreints, dans cette hypothèse, par l'article 2030, en vertu duquel, la caution peut seulement poursuivre, pour leur part virile, les débiteurs qu'elle n'a pas cautionnés.

La caution ne pourrait obtenir des droits plus étendus en se faisant consentir une subrogation conventionnelle par le créancier. Les parties n'ont pas le droit de modifier par une convention les effets de la subrogation tels qu'ils ont été réglés par le législateur. Si l'on admet, au contraire, que la caution, au lieu d'être subrogée aux droits du créancier, a simplement le droit de poursuivre les co-débiteurs solidaires par les voies de recours dont disposait le co-débiteur qu'elle a cautionné, M. Laurent (tome XXVIII, n° 254) est d'avis que les effets de la subrogation stipulée par la caution pourront être les mêmes que ceux de la subrogation en général. On ne se trouve plus en présence d'un cas de subrogation légale et les parties pourront, par conséquent, en régler les effets comme elles l'entendront.

Les effets de la subrogation se trouveront encore restreints dans d'autres hypothèses, où les droits de la caution contre le débiteur principal seront moins étendus que ceux dont le créancier pouvait disposer contre elle. Nous pouvons citer comme exemple, le cas d'un fidé-

jusseur qui s'est porté garant pour un mineur. On sait
que l'engagement de la caution est parfaitement valable
bien que le mineur ait le droit de faire annuler l'engagement ainsi contracté. La caution devra, par conséquent,
payer sur la poursuite du créancier et n'aura pas le droit
de lui opposer l'exception de minorité qui est purement
personnelle au débiteur principal. Celui-ci, au contraire. pourra user de-cette exception lorsque la caution
agira contre lui, comme subrogée aux droits du créancier pour obtenir son remboursement.

La même solution s'imposerait dans le cas où une
femme mariée qui se serait engagée sans l'autorisation
de son mari aurait fourni une caution. L'exception accordée à la femme, dans cette hypothèse, lui serait purement personnelle et ne saurait, par conséquent, être
invoquée par la caution.

C. — *Effets de la subrogation dans les rapports de la
caution avec les tiers.* — La caution qui a payé n'est pas
subrogée seulement aux droits du créancier contre le
débiteur principal. Elle peut poursuivre également tous
ceux auxquels le créancier pouvait s'adresser pour obtenir son paiement. Par conséquent, si la dette principale
était garantie par plusieurs cautions, celle de ces cautions qui aura été forcée de payer pourra ensuite intenter, contre ses co-cautions, toutes les actions dont disposait le créancier.

Nous avons vu que l'un des grands avantages de la
subrogation était de permettre à la caution de profiter

des actions hypothécaires du créancier. Lorsque les biens hypothéqués sont restés en la possession du débiteur, l'exercice des actions hypothécaires par la caution ne soulève aucune difficulté. Mais la question devient plus délicate lorsque les biens hypothéqués sont aux mains d'un tiers. Le débiteur principal pourrait, en effet, avoir vendu son immeuble à un tiers après la constitution de l'hypothèque. Il se pourrait également que le fonds hypothéqué n'ait jamais appartenu au débiteur principal mais fût la propriété d'un tiers qui aurait consenti une hypothèque sur son bien pour la garantie de la dette principale.

On se demande quels vont être, dans ces deux hypothèses, les droits de la caution contre le tiers détenteur. La difficulté de résoudre cette question provient de ce que l'article 1251 qui détermine les cas de subrogation légale, après en avoir accordé le bénéfice aux cautions, l'accorde également aux tiers détenteurs. Mais le Code ne s'explique pas sur le point de savoir si, en cas de conflit, on devra donner la préférence à la caution ou au tiers détenteur. Pour l'étude de cette question, nous examinerons successivement les rapports de la caution avec un tiers acquéreur de l'immeuble hypothéqué et ses rapports avec la caution réelle.

I. — Rapports de la caution avec un tiers acquéreur.

Pothier tranchait la difficulté en accordant un recours à celui des deux qui avait, le premier, acquitté la dette.

Ce système était inadmissible puisqu'il dépendait du créancier de faire supporter la dette soit par la caution, soit par le tiers détenteur. Aussi est-il complètement abandonné dans notre droit moderne.

On a proposé un autre système dans lequel la caution et le tiers détenteur auraient recours l'un contre l'autre, pour partie. La caution, après avoir payé, ne pourrait recourir contre le tiers détenteur que déduction faite de la part qu'elle doit supporter dans la dette. Si, au contraire, le tiers détenteur avait le premier acquitté la dette, il disposerait d'un recours contre la caution pour cette même part. Cette solution est rarement adoptée par les auteurs qui se partagent entre deux autres systèmes. Les uns n'accordent aucun recours à la caution, tandis que les autres lui donnent la préférence sur les tiers détenteurs.

Les partisans du premier système invoquent d'abord un argument historique. Dans l'ancien droit, le tiers détenteur ne pouvait être inquiété par la caution. On en trouve la preuve dans le passage suivant emprunté à Hubérus : « *Si debitor ejusque hæredes non exstent priusquam tertius possessor excutiatur, fidejussores conveniendi sunt qui scilicet ut principales debitores sunt obligati et actionem principalem participant.*

Les rédacteurs du Code auraient, d'après certains auteurs, voulu reproduire cette théorie de l'ancien droit. L'article 2170 ne dit-il pas en effet *que le tiers détenteur d'un immeuble hypothéqué peut requérir la discussion préalable des autres immeubles hypothéqués à la même dette qui se trouvent en la possession du principal ou des principaux obligés* ». Or la caution est bien un obligé accessoire dans ses rapports avec le débiteur principal, mais elle doit être considérée comme un obligé principal si l'on compare sa situation à celle du tiers détenteur. Celui-ci, en effet, n'est tenu que *propter rem*, tandis que la caution est personnellement engagée. Le premier pourrait donc se libérer de toute obligation en abandonnant l'immeuble hypothéqué tandis que la caution ne pourrait se soustraire aux conséquences de l'engagement qu'elle a contracté. M. Troplong et les autres partisans de ce système en concluent que l'article 2170 doit être appliqué à la caution. Le tiers détenteur pourrait, par conséquent, requérir la discussion des autres immeubles hypothéqués à la même dette qui se trouveraient en la possession de la caution. Or ce droit de discussion accordé au tiers détenteur exclurait, pour la caution, la possibilité d'un recours contre lui.

Un autre argument en faveur de ce système est tiré de l'article 2023, *in fine*. Cet article refuse à la caution le droit d'exiger la discussion des biens hypothéqués à la dette qui ne se trouvent plus entre les mains du débiteur principal. A plus forte raison ne pourrait-elle pas, après avoir payé, recourir contre les tiers détenteurs de ces mêmes biens.

Il nous semble cependant, et notre opinion est du reste partagée par la plupart des auteurs (MM. Laurent,

Demolombe et Colmet de Santerre), qu'il vaut mieux donner la préférence à la caution. Le Code l'a, en effet, subrogée dans tous les droits du créancier sans faire une exception pour ceux dont il pouvait disposer contre le tiers détenteur. Nous devons remarquer en outre que la caution, en s'engageant, a dû compter sur le bénéfice de subrogation. Il serait injuste que le débiteur pût, en aliénant l'immeuble hypothéqué, la priver des avantages qu'elle espérait retirer de ce bénéfice.

On pourrait objecter, il est vrai, que le tiers détenteur est lui-même subrogé aux droits du créancier en vertu de l'article 1251. Mais, en admettant que la faveur de la loi dût s'appliquer aussi bien à la caution qu'au tiers détenteur, ne semble-t-il pas que l'on doive accorder la préférence à la caution. Le tiers détenteur, en effet, lorsqu'il est devenu propriétaire de l'immeuble, objet du litige, a dû connaître les charges dont cet immeuble était grevé. Il a donc prévu qu'il serait, un jour ou l'autre, obligé d'en supporter les conséquences. Si le tiers détenteur n'a pas connu ces charges il est en faute car rien ne lui était plus facile que de s'en rendre compte grâce à la publicité de notre régime hypothécaire. La purge permettait d'ailleurs à l'acquéreur de débarrasser l'immeuble des hypothèques dont il était grevé. La caution, au contraire, ne s'est rendue coupable d'aucune négligence, ce qui justifie pleinement la préférence que nous lui accordons.

Il est du reste facile de réfuter les autres arguments

invoqués par les partisans du système que nous repoussons. L'argument tiré des principes de l'ancien droit perd toute sa valeur si l'on songe à la transformation qui s'est opérée, dans notre droit moderne, où les hypothèques sont devenues publiques tandis qu'elles étaient occultes autrefois.

Quant à l'argument tiré de l'article 2170, il ne serait pas sans valeur si l'on pouvait mettre la caution au rang des obligés principaux. Malheureusement, il n'existe pas un texte dans le Code qui donne cette qualité aux fidéjusseurs. Ils sont toujours considérés comme des débiteurs accessoires et la preuve en est dans tous les textes du Code qui opposent toujours la caution au débiteur principal. Le caractère distinctif du cautionnement est précisément d'être un engagement accessoire et ce caractère n'a jamais été mis en doute par personne. L'article 2170 écrit spécialement pour les obligés principaux est donc absolument inapplicable à la caution.

On ne saurait, non plus, invoquer le texte de l'article 2023. Cet article a été écrit spécialement en vue du bénéfice de discussion. Il a donc simplement pour but de régler les rapports du créancier et de la caution. Son application est d'autant moins possible, dans notre hypothèse, qu'il a été écrit surtout dans l'intérêt du créancier. Les rédacteurs du Code ont voulu lui éviter des frais inutiles lorsque la caution lui opposait le bénéfice de discussion. Ce dernier argument ne justifie pas plus que les autres le recours accordé aux tiers détenteurs contre les cautions.

Aussi concluons-nous que la caution pourra disposer de ce recours à l'encontre des tiers détenteurs. Tel est du reste le système admis par la jurisprudence, comme le prouve un arrêt de la Cour de cassation en date du 10 janvier 1833 (Sirey).

II. — Rapports de la caution personnelle avec la caution réelle.

Examinons maintenant la situation faite à la caution subrogée aux droits du créancier, en présence d'une caution réelle, c'est-à-dire d'un tiers qui a hypothéqué ses biens pour la garantie de la dette du débiteur principal. La caution personnelle pourrait-elle exercer contre cette caution réelle le recours qui lui est accordé par l'article 2033 ?

Dans un premier système, soutenu par M. Troplong, ce droit lui est refusé. Il n'y a aucune raison, d'après M. Troplong, pour accorder un recours à la caution contre le tiers détenteur dans cette hypothèse. Ce dernier n'étant pas tenu personnellement, on ne peut pas dire que la caution ait fait son affaire en acquittant la dette. Elle n'aura donc pas droit à l'action *negotiorum gestorum*. M. Troplong invoque, en outre, comme argument l'article 2170 et en tire les mêmes conséquences que dans l'hypothèse où la caution se trouve en présence d'un tiers détenteur.

Nous avons vu, dans le précédent paragraphe, com-

ment l'on devait réfuter ce dernier argument. Il nous
paraît également impossible d'admettre que la caution
n'ait pas rendu service à la caution réelle en payant la
dette. Celle-ci, dans le cas où la dette n'aurait pas été
acquittée par un autre, se serait vue obligée de payer
elle-même ou d'abandonner l'immeuble qui assurait le
paiement. La caution aurait donc bien le droit d'invoquer contre elle l'action *negotiorum gestorum*.

Dans un deuxième système, on propose d'appliquer
l'article 2033 du Code civil en vertu duquel : « *Lorsque
plusieurs cautions ont cautionné un même débiteur, pour
une même dette, la caution qui a acquitté la dette a recours
contre les autres cautions, chacune pour sa part et portion.*

On répartirait donc dans notre hypothèse, le fardeau
de la dette entre la caution personnelle et la caution
réelle qui l'ont garantie. Celui des deux obligés qui aurait acquitté le premier la dette pourrait, par conséquent, agir contre l'autre pour se faire rembourser la
moitié de ce qu'il aurait ainsi payé. M. Mourlon est par-
tisan de ce système, mais il ne divise pas la dette en parties égales entre la caution réelle et la caution personnelle. Cet auteur divise la dette proportionnellement à
la part que chacune des cautions aurait été obligée de
payer si elle eut été poursuivie. La caution personnelle
est obligée, dans tous les cas, de payer la totalité de la
dette. Elle serait donc au moins tenue d'en supporter la
moitié si elle venait en concours avec la caution réelle.

Celle-ci, au contraire, n'est tenue que jusqu'à concurrence de la valeur de l'immeuble sur lequel elle a laissé prendre une hypothèque. Si cet immeuble est d'une valeur supérieure ou du moins égale au montant de la dette garantie, le tiers propriétaire de cet immeuble pourrait être obligé au paiement de la totalité de la dette. Aussi M. Mourlon décide-t-il que sa part contributoire dans la dette sera de la moitié. Si l'immeuble n'avait pas une valeur égale au montant total de la dette, cette part devrait, d'après M. Mourlon, être calculée suivant la valeur de l'immeuble.

Les conséquences de ce système avec les modifications qui y sont apportées par M. Mourlon sont des plus équitables pour la caution personnelle comme pour la caution réelle. Malheureusement il ne peut être basé sur aucun texte du Code civil. L'article 2033 ne saurait s'appliquer dans cette hypothèse. Nous avons vu, en effet, que cet article avait été écrit pour régler les rapports des cautions entre elles. Mais le nom de caution réelle donné, dans la pratique, au tiers qui consent une hypothèque sur son bien ne justifie pas la qualité de caution qui lui est donnée par certains auteurs, pour pouvoir lui appliquer l'article 2033. Du reste, en admettant même que l'article 2033 fut applicable à la caution réelle, il est impossible de trouver, dans le Code civil, aucun texte pour justifier la répartition de la dette telle qu'elle a été proposée par M. Mourlon.

A défaut de texte, nous sommes donc obligés de nous en tenir à l'article 1251. Mais, dans l'hypothèse qui nous

occupe il n'y a pas de raison pour donner la préférence
à la caution personnelle, comme nous l'avons fait lorsqu'au lieu d'être en présence d'une caution réelle, elle
était en présence d'un tiers acquéreur. Le juge chargé
de statuer sur le recours devra, comme le décide M. Laurent accorder un recours pour le moitié de la dette à
celui des deux co-obligés qui l'aura acquittée.

§ 3. — *Recours accordé à la caution avant qu'elle ait payé.*

Nous avons supposé, jusqu'à présent, que la caution
exerçait un recours contre le débiteur principal après
avoir payé la dette. La caution peut, dans certaines circonstances, agir également contre le débiteur principal
même avant de s'être acquittée. L'examen de ces différentes hypothèses, prévues par l'article 2032 du Code
civil, terminera notre étude.

-L'article 2032 accorde un recours à la caution avant
même qu'elle n'ait acquitté la dette principale.

1° *Lorsqu'elle est poursuivie en justice pour le paiement.*

Ce droit qui n'était pas accordé à la caution par les
jurisconsultes romains existait, cependant, dans notre
ancien droit. Domat permettait même à la caution d'a-
gir contre le *reus*, dès que la dette était échue, et, sans
attendre d'être poursuivie par le créancier. La théorie
de Domat a été également adoptée par les rédacteurs du
Code.

On permet à la caution d'agir, dans cette hypothèse,

contre le débiteur principal, avant même d'avoir payé, en vertu de ce principe que le cautionnement ne doit pas être une source de préjudice pour la caution. Nous avons vu qu'un recours lui était accordé après qu'elle avait payé ; mais n'est-il pas préférable pour la caution, de mettre le débiteur principal en cause avant d'avoir effectué aucun paiement ? L'exception dilatoire de garantie lui permettra d'arriver à ce résultat de faire condamner le débiteur principal à l'indemniser par le même jugement qui la condamnera elle-même à payer le créancier. La condamnation ainsi obtenue par la caution contre le débiteur principal comprendra une somme égale au montant de la dette, aux frais faits depuis l'assignation en garantie et au coût de l'exploit de la demande principale. Tels sont les seuls avantages procurés à la caution par cette exception de garantie car, s'étant obligée personnellement vis-à-vis du créancier, elle ne saurait se soustraire à son obligation en forçant le débiteur principal à prendre fait et cause pour elle.

Nous nous trouvons ici en présence d'un cas de garantie simple, c'est-à-dire que la caution, qui assigne en garantie le débiteur principal obtient seulement l'avantage de le faire condamner à la payer elle-même.

2° *Lorsque le débiteur est déclaré en faillite ou est tombé en déconfiture.*

Le créancier négligerait peut-être de produire à la faillite du débiteur principal, étant certain d'obtenir plus tard son remboursement en s'adressant à la caution. Celle-ci se verrait donc, plus tard, obligée de payer le créancier et son recours contre le débiteur principal serait inefficace puisque tous ses biens auraient été déjà distribués. Le recours anticipé permet à la caution d'éviter ce danger en se présentant elle-même à la faillite du débiteur principal. Elle obtiendra ainsi un dividende qui l'indemnisera, au moins en partie, du préjudice causé par le paiement qu'elle aura été obligée de faire.

Une condition est cependant nécessaire pour que la caution puisse ainsi produire à la faillite du débiteur principal. Il faut que le créancier ne se soit pas présenté lui-même car la même créance ne saurait figurer deux fois au passif d'une même faillite. Tel est actuellement le principe adopté par la jurisprudence comme le prouve un arrêt de la Cour de Paris en date du 2 juin 1853. Elle n'a cependant pas toujours été fixée dans ce sens et la même Cour avait décidé le 1er août 1833 que le créancier et la caution pouvaient produire en même temps à la faillite du débiteur principal.

Quant au dividende ainsi obtenu par la caution elle devra, si la dette est exigible, le remettre au créancier en y ajoutant une somme suffisante pour le désintéresser complètement. Si, au contraire, la dette garantie était à terme, la caution aurait le droit de conserver ce dividende jusqu'à son exigibilité. La faillite du débiteur principal a bien eu pour résultat de le priver du bénéfice du terme, mais ce bénéfice subsiste pour la caution qui ne peut, jusqu'à l'échéance, être poursuivie par le créancier.

3° Lorsque le débiteur s'est obligé de rapporter à la caution sa décharge dans un certain temps.

Cette promesse du débiteur principal devait, en Droit romain, être antérieure ou tout au moins concomitante à l'engagement de la caution. Les rédacteurs du Code se sont montrés moins rigoureux et ont également accordé un recours à la caution sans faire de distinction suivant le moment où le débiteur principal s'était engagé à lui procurer sa décharge.

4° Lorsque la dette est devenue exigible par l'échéance du terme sous lequel elle a été contractée.

La caution a dû compter sur sa libération pour le cas où elle ne serait pas poursuivie lors de l'échéance de l'obligation. Il serait par conséquent injuste que le créancier pût rendre cette situation moins favorable par le retard qu'il apporterait dans ses poursuites. Aussi accorde-t-on à la caution un recours anticipé aussi bien lorsque le créancier a accordé une prorogation de délai au débiteur principal que dans l'hypothèse où il a simplement négligé de le poursuivre.

5° Au bout de dix années lorsque l'obligation n'a pas de terme fixe d'échéance à moins que l'obligation principale, telle qu'une tutelle, ne soit pas de nature à être éteinte avant un temps déterminé.

Nos anciens auteurs accordaient à la caution le droit de demander sa décharge lorsque son engagement durait déjà depuis un certain temps. Mais le délai au bout duquel ce droit était accordé à la caution n'était pas exactement déterminé. Pothier s'en remettait au juge du soin de décider si la caution devait être libérée.

Dans notre Droit moderne, on fit cesser ces difficultés en décidant que la caution pourrait agir contre le débiteur principal dès qu'il se serait écoulé 10 ans depuis son engagement. Mais ce droit appartient seulement à la caution lorsque les parties n'ont pas assigné un terme à l'obligation principale. L'article 2032 ajoute que la caution ne disposerait pas non plus d'un recours anticipé, « *si l'obligation principale, telle qu'une tutelle n'était pas de nature à être éteinte avant un temps déterminé* ». La caution d'un tuteur a dû prévoir, en effet, que son obligation subsisterait jusqu'à la majorité du pupille. Elle ne pourra, par conséquent, exercer aucun recours contre le débiteur principal, même s'il s'est écoulé 10 ans depuis qu'elle a contracté son engagement. La caution d'un usufruitier ne pourait, non plus, demander sa décharge avant l'extinction de l'usufruit car elle savait, en s'engageant, que l'obligation de l'usufruitier n'aurait pas d'autre limite.

Tels sont les seuls cas où le Code permet à la caution d'exercer un recours anticipé contre le débiteur principal. Il ne nous semble pas que l'article 2032 doive être appliqué en dehors de ces hypothèses exceptionnelles car, en règle générale. la caution ne peut exercer aucun recours contre le débiteur principal si elle n'a, d'abord, acquitté la dette.

POSITIONS

Positions prises dans la thèse.

DROIT ROMAIN.

I. — Les *adpromissores* qui se sont obligés *in duriorem causam* ne sont pas du tout obligés (page 45).

II. — Il n'est pas nécessaire que les *adpromissiones* s'effectuent *eodem tempore* (page 31).

III. — Le créancier n'est pas tenu de conserver ses actions pour les céder ensuite au fidéjusseur qui paie la totalité de la dette (page 93).

IV. — Le créancier perd la faculté d'exercer son choix dès l'instant où la *litis contestatio* est intervenue entre lui et l'un des obligés (page 61).

DROIT FRANÇAIS.

I. — La subrogation transfère à la caution la créance même du créancier (page 187).

II. — Le bénéfice de division peut être invoqué même par des cautions qui se sont engagées séparément les unes après les autres (page 154).

III. — L'exception de division n'a pas besoin d'être opposée sur les premières poursuites (page 160).

IV. — La caution qui a payé la dette est subrogée aux droits du créancier même contre les tiers détenteurs (page 196 et suivantes).

Positions prises en dehors de la thèse.

DROIT ROMAIN.

I. — Les Pactes et stipulations ne pouvaient, sous Justinien, constituer de véritables servitudes.

II. — La compensation, sous Justinien, est toujours judiciaire et non légale.

III. — La théorie des actions noxales dérive du système de la vengeance privée.

IV. — La réalité de la cause impulsive n'est pas nécessaire pour le transfert de la propriété.

DROIT FRANÇAIS.

I. — Le droit de rétention n'existe que dans les cas expressément indiqués par la loi.

II. — On peut se marier à son domicile réel même si l'on n'y a pas six mois de résidence.

III. — Dans une promesse de vente unilatérale, la volonté de l'acheteur de réaliser le contrat ne produit pas d'effet rétroactif au jour de la promesse.

IV. — Les dommages et intérêts auxquels peut être condamné un mari commun sont à la charge définitive de la communauté.

V. — L'indignité n'a pas lieu de plein droit, c'est une déchéance qui doit être prononcée par le tribunal.

VI. — La séparation de biens, conséquence d'un jugement en séparation de corps ne rétroagit pas au jour de la demande.

DROIT COMMERCIAL.

I. — En cas de faillite de l'acheteur, le vendeur qui a perdu son privilège peut exercer un droit de résolution.

II. — Les actes faits par une femme mariée autorisée à faire le commerce ne sont pas présumés commerciaux. Si la femme invoque son incapacité de femme mariée, c'est à son adversaire de prouver la commercialité de l'acte.

III. — Le porteur a seul droit à la provision faite avant la faillite du tireur.

DROIT INTERNATIONAL PUBLIC.

Un État ne peut être jugé par les tribunaux d'un autre État.

Vu :

Le Doyen,

COLMET DE SANTERRE   Vu :

Le Président de la thèse,

A. BOISTEL

Vu et permis d'imprimer :

Le Vice-Recteur de l'Académie de Paris

GRÉARD.

Imp. G. Saint-Aubin et Thevenot, Saint-Dizier, (Haute-Marne), 30, Passage Verdeau, Paris.

Imp. G. Saint-Aubin et Thevenot, Saint-Dizier (Hte-Marne). 30, Passage Verdeau, Paris

9 782019 279387